얘들아!
　실패할 자유도
네게있어

애들은 왜 꼭 말을 들어야 해요?

얘들아!
실패할 자유도 네게 있어

지따 지음

이런 말을 종종 듣습니다.

"애들이 왜 말을 안 듣죠?
 애 키우기 너무 힘들어요."

그런 때 물어봅니다.

"애들은 왜 꼭 말을 들어야 해요?
 아이한테 왜 안 듣는지 물어보셨나요??"

바른북스

프롤로그

올해 나는 환갑을 맞았다.

짧지 않은 한 갑자 돈 60년 인생을 돌아보며 큰 계획안에서 내가 살아내고 있었음을 깨닫게 된다. 타고난 성격적 장단점, 거저 주신 재능, 사는 동안 겪었던 수많은 인생의 어려움과 고뇌들이 어쩌면 모두 내가 한 가지 소명을 사는 삶에 다가가도록 또 도움이 되도록 엮여 돌아갔다는 느낌이랄까?

나는 왜 이리 생겨 먹었을까?

나는 왜 이리 힘들게 살아야 할까? 의문을 가진 적도 많았다.

모든 사람은 자신이 누군지 알아가는 과정의 일생을 살고 있고 그 안에서 나름의 속도로 성장해 가고 있다고 본다. 그런데 자신이 누군지 이번 생에서 세상 안에서 이루고 싶은 일 또는 소명은 무엇인지 제대로 알고 살아가는 사람은 얼마나 될까?

사회적인 성취나 개인적인 욕망의 충족을 더 부추기는 자본주의 금전만능의 시대에 우리가 살고 있기는 하지만 개개인의 진정한 행복은 자신을 제대로 알아가고 성장시키는 삶, 그 안에서 진정한 소명을 찾을 수 있다면 더할 나위 없지 않을까 하는 생각이다.

왜 그리 힘든 일을 하느냐란 질문을 수도 없이 받았다.

실제로 대안학교에서 대안양육 가정을 만들어 아이들을 키우기까지 힘든 순간들마다 왜 내가 해야 하는지, 하지 않으면 안 되는지 깊이 고뇌한 순간도 많았다.

그때마다 힘들지만, 때론 죽을 만큼 힘든 적도 있었지만 그래도 하는 게 내가 행복해지는 길이란 사실을 깨닫게 되었고 나중에야 이 일이 내 작은 소명이 아닌가 싶었다.

스스로를 돌아보면 참 철없고 평생 어른다운 어른이 될 것 같지 않은, 좋게 봐주면 조금 순수하고 한편 부족함투성이인 내가 꿈은 어찌 그리 무모하게 꾸었을까, 신기한 생각이 든다. 백 명의 아이들을 살리겠다는 꿈!

내 안에 꿈틀거리는 재능이랄까 본능 같은 것을 나는 믿었다. 아프고 힘든 아이들의 마음을 보듬는 일을 조금 잘 해낼 수 있을 것 같았다. 미묘한 차이가 있는, 내 스스로 믿고 있는 '아이들을 살리는 양육'이라는 철학을 붙잡고 뒤늦게 아이 키우는 일을 시작해서 좌충우돌했다.

나보다 더 훌륭하게 더 오래 이 일을 해오신 선배들이 별처럼 많은 것을 알면서도 부끄러움을 무릅쓰고 이 책을 만들기까지, 경험한다고 다 글로 표현할 수 있는 것은 아니니 계속 쓰라는 글쓰기 모임 동무들의 격려의 말을 덥석 붙잡았다.

아이들이 죽지 않는 나라, 아이들이 행복한 나라로 가는 데 도움이 될 책을 쓰고 싶었다. 조금이라도 서로 이해하고 돕고 사는 데 기여가 된다면 참 기쁠 것 같다.

프롤로그

1부 소명을 깨닫기까지

1 유년의 뜰   11
2 내 안의 나침반   16
3 어째서 나만 문제아가 된 거지?   20
4 백만 송이 사랑을 피워 오라는 소명   28
5 왜 꼭 내가 해야 하는 걸까?   36

2부 소명으로 가는 길

1 대안학교를 열다   49
2 대안학교에서 대안가정으로   55
3 아이들의 집, 그 시작 이야기   63

| 3부 | **아이들의 삶 이야기** |

1 늑대 소녀 인혜	73
2 감성 충만 효은이	101
3 영재 소녀 지니	126
4 최강 미녀 시아	148
5 애착 결핍 서이	171
6 두 자매 이야기	202
7 세 자매 이야기	218
8 가족여행 이야기	243

에필로그
아직 못다 한 이야기

소명을
깨닫기까지

1
유년의 뜰

자연은 생명을 살리는 힘이다

나는 안다.
자연은 진정 힘이 세다는 것을!
어린 시절, 전기도 들어오지 않는 깊은 산골 마을에서 살았다.
눈 뜨면 마을 앞을 흐르는 감천에서 온 마을 아이들은 깜둥이가 되도록 발가벗고 놀았고, 돌 틈에 손을 넣어 물고기를 잡기도 했다. 나는 물뱀에 손을 물릴까 무서워 돌 틈에는 감히 손을 넣지 못했다.
은어라는 물고기는 떼를 지어 다니는데, 맑고 얕은 물에서 사람이 쫓으면 막 도망가다 어느 순간 방향을 사람 쪽으로

홱 틀었다. 그러면 마주 오는 물고기를 뜰 체로 건져 올려 잡았다.

비록 잡지는 못했어도 은어를 쫓아 얕고 반짝이던 강물을 첨벙거리며 달리던 유년의 기억은 갈수록 선명하다.

강은 언제나 우리에게 더할 나위 없는 친구요, 놀이터였다. 그 사랑스럽고 맑던 강이 고향을 떠나 십수 년이 흐른 어느 날 가보니 홍수 방지용 높은 둑이 쌓여 있었다.

그 때문인지 깨끗했던 백사장이 거의 사라지고 풀이 우거져 있어 몹시 안타까웠다.

홍수는 막아졌는지 모르겠지만 강은 내 기억 속 예전처럼 아름답지 않았다.

어느 바람이 소슬하게 불던 가을날, 나와 몇몇 조무래기들은 깡통에다가 쌀을 씻어 안쳐 밥 짓는 흉내를 내며 놀았다. 솔잎을 모아 불까지 지펴 제법 밥물이 보글보글 끓을 무렵, 장에 갔다 오시는 어른들 무리가 멀리 산등성이에 보이자 너도나도 집을 향해 냅다 내달렸다.

맘이 급해서 밥 짓던 깡통은 발로 차버리고 타고 있던 불을 몇 번 발로 꽉꽉 밟아서 껐던 것 같다. 그날 밤, 저녁을 먹고 비단 홀치기를 하시는 엄마 옆에 자려고 누워 있는데 갑자기 "불이야~~!" 소리가 들려왔다.

허겁지겁 나가시는 엄마를 따라가 보니 마을 사람들이 모두 양동이에 물을 이고 지고 뒷산으로 달려가는 게 보였다.

'뒷산에 불이 났다고??'

그 순간 머릿속이 하얘졌고 나는 얼른 이불을 폭 뒤집어썼다.

자고 나니 불은 다행히 일찍 잡혔다고 하여 안심했으나, 어린 방화범으로서 불안에 떨었던 그 밤은 오래 잊히지 않았다.

그리고 먼 훗날 단발머리 나풀거리는 여고생이 되어 나는 그 기억을 모티브로 단편소설을 써내어 교내 한글날 글짓기 대회에서 장원까지 거머쥐었으니 더욱 잊으려야 잊을 수 없는 방화의 추억(?)이 되었다.

일곱 살이 되던 해, 언니 오빠들이 다 학교에 가고 나면 늘 심심했던 나는 학교가 너무 가고 싶었다. 언니들에게 꿀밤을 맞아가며 한글을 익혔고 당시 의무로 외게 하던 국민교육헌장과 구구단까지 줄줄 외웠건만 엄마는 나의 소원을 들어주지 않으셨다. 그해 입학식 날, 학교를 못 간단 사실을 알고 상심한 나머지 나는 대문 밖 담장 아래서 오래도록 슬피 울었다.

그때 한 해 일찍 학교에 갔더라면 내가 그 일을 겪지 않았을까? 그리고 그로 인한 긴긴 사춘기의 방황도 젊음의 방만한 세월도 없었을까?

어느 날 어른들은 모두 들일을 나가시고 나와 외사촌이 놀고 있었는데, 마을 오빠 하나가 우리를 다락방으로 한 명씩 불러올렸다.

외사촌은 어떤 일을 당했는지 모르겠다. 나는 그때 성추행을 당했었고 유년의 그 기억은 사라졌다가 성장하며 문득문득 떠오르는 의문점이 되었다. 제대로 된 성교육이라곤 전무했고, 기껏해야 여자는 순결해야 한다는 순결교육이나 하던 그때, '그럼 나는 깨끗하지 않다는 말인가?' 하는 의구심이 가슴 한편에서 몽글몽글 피어났다.

그리고 그 의구심은 사춘기 내내 극심한 나의 반항과 방황의 도화선이 되었다.

그러나 아이들과 산과 들, 강을 누비며 뛰어놀았던 자연과 함께한 나의 유년기는 내 영혼에 더할 나위 없이 긍정적이고 풍요한 영향을 주었다.

도시로 이사한 후 수없이 많은 밤을 나는 고향 마을의 산등성이를 넘는 꿈을 꾸었다. 너무나 그리웠던 그 산과 강과 꼬불거리던 마을길들과 어여쁜 내 동무들!

할 수만 있다면 얼마나 돌아가고 싶었던가!!

열정적이라는 말을 들을 때마다 나는 어릴 적 야생마처럼 자유로이 뛰어놀았던 강과 숲, 그 자연을 떠올리곤 한다. 그리고 내 아이들을 꼭 자연 속에서 키우리란 결심도 했다.

자연은 진정 힘이 세다는 걸 경험으로 알았으니까!

2
내 안의 나침반

정의가 강물처럼 흐르지 않았던 교실

내 안에 삶의 어렴풋한 지도가 처음 그려진 것은 중학교 1학년 때이다.

여러 초등학교에서 모여들어 아직은 서로를 잘 모르던 학기 초, 어느 날부터인지 점심시간이면 아이들이 도시락을 들고 우르르 내 자리로 몰려들기 시작했다.

'어…. 얘들이 왜 이러나?' 당황했는데 알고 보니 내 짝지가 초등학생 때 반장도 했고 제법 부잣집 아이로 인기녀였기 때문이었다. 처음엔 눈치 없이 혼잡한 틈에 끼어 밥을 먹었는데 언젠가부터 불편해하는 눈치가 느껴졌다.

'아~! 문디 가시나들…!!' 속으로 중얼거리며 나는 도시락을 들고 빈자리를 찾아서 혼자 밥을 먹었다.

아무도 네 자리니 그냥 앉아서 먹으라고 말해주는 아이는 없었다. 하지만 그다지 슬퍼하거나 노하지도 않았으니 내가 그만큼 멘탈이 단단하였던 것인지 무뎠던 것인지 모르겠다.

얼마 후 첫 월례고사 시험이 있었고 내가 반에서 1등이었다. 그날 이후로 아이들은 도시락을 가지고 진짜 내 자리로 몰려들었다.

어이가 없었고, 어린 맘에도 '아니, 공부 그깟 게 뭐라고??' 하는 생각이 들어 사람을 평가하는 기준에 대해 진지하게 생각해 보는 계기가 되었다.

그리고 곧 임원 선거가 있었다. 담임 선생님은 음악을 가르치던 노처녀 여선생이었는데, 먼저 후보를 추천하라고 했다. 반장 후보에는 내 짝지와 나, 그리고 당시 예쁘고 제법 사는 축에 속했던 혜란이가 칠판에 이름이 적혔다. 그다음 선생님은 우리들에게 "모두 눈 감아라. 자 애순이가 반장 했으면 좋은 사람 손들어 봐~" 하는 식으로 거수를 하여 반장과 부반장을 결정하였는데, 나는 뽑히지 못했다. 가슴 깊숙이 '이건 아닌데…?' 싶었으나 감히 눈도 뜨지 못했고, 항의는 더더구나 꿈도 꾸지 못했다.

그러나 옳지 않다는 것은 알았고 그 일은 내 가슴에 남았다.
그 당시 학교에서 횡행했던 촌지는 공공연한 비밀이었고, 대부분의 임원은 좀 사는 집 아이들이 차지했기에 나는 애초에 배제되었다는 걸 느낌으로 알았다.

꿈을 꾸라는겨? 말라는겨?

어느 날 도덕 시간이었다. 선생님은 잡담을 밥 먹듯 하던 남자 선생님이었는데 그날은 갑자기 한 명씩 일어나 꿈을 발표해 보라고 하셨다.
차례를 기다리며 '뭐라고 하지?' 긴장해 있었는데 혜란이 차례에 정신이 번쩍 들었다.
내 걱정하느라 혜란이의 꿈은 잘 못 들었는데
"뭐? 네까짓 게 그런 걸 하겠다고?" 하는 선생님의 멘트에 놀라 당황했던 기억이 있다. 어린 맘에도 교사가 저렇게 말하는 건 아니지 싶었다.
곧 내 차례가 되었고 나는 더듬거리면서, "저…저는 나중에 가난해서 공부를 못하는 아이들을 돕고 싶습니다."라고 발표를 했다. 야학을 말한 거였는데 용어가 생각나지 않았다.

그러자 이번엔 "야 인마! 네가 어른이 됐을 땐 우리나라가 엄청 잘살아서 그런 애들 없어!" 하셨다.

'어… 그럼 뭐 하지?'

혼란스러운 머리를 긁적이며 자리에 앉던 내 모습이 생생하다.

도대체 그 선생님은 아이들의 꿈을 왜 물었나 모르겠다. 북돋아 주거나 발전시켜 주지는 않고 부정하고 짓밟을 거라면. 돌이켜 보면 교권이 왕권이던 시기였다!

긴 세월 지나 돌아 돌아 나는 그때 꿈꾸던 일을 하고 있다. 마음이 힘든 아이들이 행복하게 자라도록 돕는 일이다.

3
어째서 나만 문제아가 된 거지?

중학교 2학년이 되었다.

우리 반에는 당시 국어 선생님을 아빠로 둔 눈이 호수처럼 맑고 예쁜 수연이가 있었고, 나는 그 아이가 마냥 좋았다. 처음에 어떻게 친해졌는지는 기억나지 않지만 우리는 둘도 없는 단짝이 되었다. 학교에서 내내 붙어 놀다가도 잠시의 헤어짐이 아쉬워 집에서 편지를 써서 다음 날 아침, 상대방의 책상 서랍에 곱게 접어 넣어두곤 하던 시절.

카톡이 없던 그 시절, 모든 순간을 공유하고 싶었던 그 우정의 쪽지들은 요즘은 상상하기 어려운 아름다운 추억의 한 장면이다.

2학기 때 차츰 여럿과 친해져서 우리는 5총사가 되었다.

다섯이 매일 뭉쳐 다니면서 장난도 많이 쳤는데, 하교 때 집 가던 외로운 남학생을 마주치면 우리는 불쌍한 그 아이가 얼굴이 벌게져 도망갈 정도로 짓궂게 골려주기도 했다. 모든 게 재밌었고, 굴러가는 낙엽에도 웃음이 끊이지 않았던 영롱한 소녀 시절이었다.

그러던 2학기의 막바지 어느 날 하굣길에 우리는 3학년 무서운(?) 언니들에 의해 학교 뒷산으로 끌려 올라갔다.

산 중턱쯤에서 언니들은 우리들 넷은 한쪽에 모아두고 수연이만 좀 떨어진 곳에 불러다 그중 대장이라는 언니가 긴 막대기를 위협적으로 탁탁 내리치며 말했다.

"야! 너네 그룹이지? 그리고 너, 네가 대장이지? 아빠가 선생이면 다야?"

나의 소중한 단짝 친구는 겁에 질려 떨고 있었고, 멀리서 그 모습을 보던 나는 무서웠지만 참을 수 없어 걸어가서 말했다.

"언니, 무슨 일인데요? 걔 아니고 제가 대장인데요?"라고.

그날 이후 나는 대장으로 등극했다. 참 쉬웠다. 등교 때 나를 기다리는 그 무서운 언니를 몇 번 더 맞닥뜨려야 했지만,

그 언니가 나를 어쩌지는 못했다. 선배들이 불러도 가지 않았는데 속으로는 죽을 듯이 무서웠지만 될 대로 되라는 심정이었다.

그때 나는 태권도를 배우고 있었고 상당히 운동을 잘했었는데, 그 때문이었는지 나를 건드리지 않고 언니들은 곧 졸업했고 그럼에도 3학년이 되면서 나는 명실공히 그 지역 문제아들의 대장, 소위 짱이 되었다.

3학년이 되면서 수연이와 나는 반이 갈렸다. 하지만 우리는 서로를 그리워하며 쉬는 시간마다 복도가 꺾이는 모서리 공간에 모여 짧은 시간이나마 애타게 수다를 떨다가 종이 울리면 못내 아쉬워하며 각자 반으로 돌아가곤 했다. 그러다가 언제 어떻게 수연이랑 멀어졌는지 기억이 없다.

어느새 나는 학교에서 문제아이자 소위 짱이 되어 있었고, 단짝 친구는 내게서 멀어져 있었으며 복도를 걸어가면 아이들은 바닷길 열리듯 좌우로 쫙 갈라졌다.

조금 용감한 척했으나 나는 여전히 여리고 겁 많던 소녀였고 산골 출신의 그저 순수한 아이였는데, 딱히 한 것도 없이 나는 문제아로 낙인찍힌 채 선생님들의 눈총과 핍박을 고스란히 받게 되었다.

담임은 사회를 가르치던, 얼굴이 심하게 얽은 곰보 남자 선생님이었는데, 문제아가 내 반에 있다는 자체를 언짢아하며 노골적으로 나를 싫어했다. 한번은 교무실에서 무슨 연유였는지 기억나지 않지만 발길질을 당한 기억도 있다. 교복을 입은 여학생을 다른 교사들 앞에서 발길질하던 담임과 솥뚜껑 같은 큰 손으로 소위 문제아라는 여학생들을 사정없이 후려갈기던 거구 학생과장, 그리고 수업 시간에
"여자는 자고로 얌전하고 순결해야 한다. 그래야 나중에 결혼도 잘하고 잘 살지~! 공부만 잘하면 뭐 하니?" 하고 나를 겨냥해서 비아냥대던 전혀 여성스럽지도 않았던 노추의 영어 교사도 기억 속에 선명하다.

중3 시절 내내 나는 광풍에 휘말린 느낌이었고, 늘 불안했다.
그러나 처음 결심대로 수업에는 집중했고 나름 공부를 했으며, 최초로 전교 1등을 하기도 했다.
3학년이 끝나가면서 공부를 잘하는 아이들은 상급학교를 인근 대도시로 가기 위하여 연합고사 원서를 먼저 썼다. 가난한 농부로 네 자녀를 키우기 벅찼던 아버지는 유학은 언감생심 꿈도 꾸지 말라고 애초에 못을 박으셨다. 그래서 나는 성적이 충분했음에도 원서를 쓰지 않았고, 담임도 내게

아무런 관심이 없었다.

원서를 보내는 마감 당일, 출장을 준비하시던 수학 선생님께서 수업 중에 나를 호출하셨다.

늘 나에게 "어이, 대장! 너 나와서 풀어봐!"하며 은근히 나를 예뻐하셨던 선생님은 대뜸 "야, 인마! 여기, 네 원서 왜 없어?" 하셨다.

"아부지가 돈 없다고 가지 말래요!" 하자 선생님은 내 앞에서 직접 집으로 전화를 하셨고, 엄마가 전화를 받으시자,

"어머니, 어머니 말고 아버님 찾아서 빨리 도장 가지고 학교로 가라고 해주세요." 하셨다.

얼마 후 학교에 오신 아버지 앞에서 선생님은 내게 고등학교 가서는 오직 열심히 공부만 하겠다고 약속하라고 하시고는 아버지께는 "아버님! 얘는 여기 두면 안 됩니다. 큰일 납니다. 꼭 보내셔야 합니다." 하고 단호하게 설득해서 도장을 찍게 하셨다.

늘 양복바지 주머니에 한 손을 찌른 채 약간 건들거리며 걷다가 훅 머리를 불어 올리곤 하셨던 선생님은 미남과는 거리가 멀었으나 양복 입은 옷태가 좋았고, 수업이 재밌어 인기 많은 분이었다. 그분 덕분에 나는 대처로 유학을 가며

일 짱으로서의 인생 1막에 종지부를 찍을 수 있었다.

언젠가 기차 안에서 우연히 만났을 때, 나를 불러 옆에 앉히시더니 다른 선생님께 "이놈 이거 인물인데…. 잘하면 크게 될 놈이에요." 하셨던 선생님.

나를 만나면 늘 "어이~ 대장!" 하셨고 그러면 나는 쌩 인사도 하지 않고 가버리곤 했다. 수업 시간에는 종종 다른 한 아이와 나를 착각하시곤 하셨는데 그럼 나는 그게 기분 나쁘다고 앞에 나와 문제를 풀어보라 시키시는데도 "싫은데요!" 하고 뻗대었다.

그 시절에 그래도 혼내지도 않던 그 분은 내 12년 공교육과 대학까지 통틀어 단 한 분 스승이시다. 찾아뵙고 한 번은 감사를 드리고 싶은 선생님! 나의 선생님!

세월이 흘러 어느 날 예전 단짝 친구 수연이가 사는 안산에 갈 일이 생겼다. 그날따라 그 옛날에 이해할 수 없었던 부분을 물어보고 싶어 친구와 마주하고 앉았다.

"수연아. 궁금해서 물어보는 건데~ 우리가 그때 왜 언니들한테 산에 끌려간 거야? 우리는 나쁜 짓도 안 했고, 노는 그룹도 아니었잖아!" 했더니 나중에 합류한 아이 중 착하고 유난히 예뻤던 정미가 상대편 남학교 일 짱의 애인이었다고, 그 사실을 자신에게만 털어놓았노라 얘기를 했다.

"아~~!! 그랬구나~! 그래서 우리가 끌려갔던 거였네!! 근데 너하고 나는 자주 복도에서 만나서 얘기도 하고 그랬었는데, 왜 멀어졌던 거야?" 했더니 새로 만난 주위 모범생 친구들이 계속해서 말렸노라고 했다.

"수연아. 걔는 나쁜 애야. 왜 너까지 그래? 걔랑 놀면 너도 나쁜 애로 취급받게 돼~" 그리고 선생님들도 교사를 아빠로 둔 너는 그러면 안 된다고 말리셨다고 했다.

'교사의 딸은 그러면 안 되고… 나는??'

그리고 친구의 마지막 말, 자꾸 듣다 보니 정말 내가 나쁜 앤가? 싶었다고.

가슴속에 서늘한 바람이 지나갔다.

학교에 다니면서 본 장면들은 종종 내게 알려주었다.

든든한 재력 있는 부모가 있고, 많은 사랑과 지원을 받아 순하고 공부 잘하는 아이들을 선생님들이 예뻐하시고, 가난한 부모 만나서 준비물도 못 챙기고 공부도 못하는 아이들은 대개 사랑받지도, 존중받지도 못한다는 사실을!

친구와 헤어져 돌아오며 이런 생각이 들었다.

'아! 그래서 이 일을 하게 하셨나 보다!'

그때 결심했다.

언제나 아프고 약한 아이들의 '무조건 내 편'이 되어주겠노라고!

4
백만 송이 사랑을 피워 오라는 소명

아들딸을 차례로 낳아 어느 정도 키웠다 싶을 때, 예정에 없던 셋째가 들어섰다.

몸이 많이 약할 때여서 유독 입덧이 심해 두어 달은 거의 식음을 전폐하고 드러누워 지냈다. 결국 물까지 토하다가 심한 탈수로 인근 대학병원에 잠시 입원까지 했다.

하지만 죽을 것 같던 입덧도 임신 6개월로 접어들면서 언제 그랬냐는 듯 사라지고, 나는 잘 먹고 오동통 살이 오르기 시작하면서 씩씩하게 잘도 나다녔다.

첫째와 둘째를 다 동네 중소 병원에서 낳았으므로 셋째도 그럴 양으로 동네의 작은 산부인과로 다녔다. 그러다가 만삭이 되어 예정일을 코앞에 두고 입덧으로 입원했던 큰 병원에서 검진이나 한번 받아봐야겠다는 생각이 들었다. 거대한 부푼 배를 안고 유치원 다니던 두 아이를 돌보느라 힘들었던 건지 몸이 많이 무거웠고, 서른다섯 약간은 노산이 살짝 걱정도 되었기 때문이었다.

병원에 가서 검진을 받았는데, 전에 입원했을 때 담당이셨던 의사 선생님께서 자궁 문이 2센티나 열렸으니 당장 아이를 낳는 게 좋겠다고 입원을 권유하셨다. 큰 아이들도 챙기고 준비를 해서 내일 오겠노라 하고 집으로 왔다.

두 아이를 맡길 곳을 정한 후 늘 다니던 동네 병원을 가느냐, 큰 병원을 가느냐로 잠시 고민을 했다. 언제나처럼 남편은 결정 장애여서 의견이 나올 리 없었고, 혼자 곰곰 생각하다 '그래! 셋째니까 큰 병원에 가서 낳자!' 하고 마음을 정하고 잠을 청했다.

이 결정이 결국 나를 살렸음을 그때는 까맣게 몰랐다.

다음 날, 아이들과 남편을 챙겨 보낸 후 자가운전을 하여 씩씩하게 혼자서 애를 낳으러 병원으로 갔다. 저녁 무렵 자연분만으로 막내아들을 낳았는데 좀 일찍 내려와 있던 아이는 파랗게 질린 채 태어났다. 출산 후 나는 남편과 잠시 면회한 후 하얀 시트를 덮고 누워 있었는데 갑작스러운 간호사의 "악!" 소리가 들렸다.

간호사의 눈길을 따라가 보니 내 허리와 엉치 주변 시트가 피에 흥건히 젖어들고 있었다.

삽시간에 비상이 걸리고 병원은 난리가 났다.

하혈의 속도가 워낙 빨라서 당장 수혈 오더가 떨어지고 나는 긴급하게 지혈을 위한 온갖 처치를 받았다. 아이를 막 낳은 몸이 사정없이 주물러지고 금방 가져온 살얼음이 낀 피를 간호사가 주물러 녹이며 짜 넣어 수혈을 받는데, 이가 덜덜 떨릴 정도로 추웠다.

한두 시간가량 피는 멎었다 다시 터지고를 반복했다. 와중에 간호사에게 "아기는요? 우리 아기 괜찮아요?" 했더니 격앙된 목소리로 "지금 아기 걱정할 때 아니에요~" 하며 나를 걱정해 주던 간호사 목소리가 따뜻했다.

마침내 의사는 남편에게 개복수술을 권유했다. 자궁을 들어낼 수도 있는데 현재 자궁이 팽창되어 있는 상황이어서 하혈로 죽을 수도 있다는 내용을 인지 받고 수술에 동의를 구했고, 나는 마지막일지도 모를 남편과의 면회가 허락되었다.

그때쯤은 너무나 고통스러워서 그만하라고 제발 그만하라고 나는 애원했다. 수술을 하다 죽는 편이 차라리 편안할 것 같았다. 막상 수술하기로 결정하고 나니 그동안의 시어머니와의 갈등에 늘 우유부단했던 남편에 대한 원망, 성격 차이로 인한 다툼 등 그다지 다정스러운 부부상은 아니었는데도 마지막이라 생각하니 고마운 생각이 들었다.

"당신 덕에 잘 살았어. 혹시 나 죽으면 애들 셋 데리고 힘드니 빨리 재혼해."라고 담담히 유언일지도 모르는 말을 전했다.

처치하는 그 끝나지 않을 것 같던 고통스러운 순간에도 집에 두고 온 아이들, 갓 낳은 막내 아이 생각에 죽으면 어쩌나 두려웠다. 그러다 막상 수술을 한다고 하니

'진짜 마지막일 수 있겠구나! 나는 병사 성사도 못 받고 가네?' 하는 생각이 들었다.

수술실로 가는 길에 나는 스스로에게 병자성사를 주듯 정성스럽게 성호를 그었다.

그 순간, 신기하게도 모든 게 마음에서 내려놓아졌다.

'그래. 결국 아이들은 자라게 될 거야. 주님! 제 아이들과 저를 당신 손에 맡기나이다!'

기도하며 넓고 환한 불이 켜진 커다란 수술실로 실려 갔다.

마취 전 수술대에 누워 있는데,

'아! 더 많이 사랑하면서 살걸…!'

오직 그 생각에 가슴이 미어졌다. 그토록 미웠던 시어머니도 그 순간 밉지 않았고, 오직 내가 세상에 줄 수 있는 사랑을 다 못 주고 가는 것에 대한 안타까움만 절절히 밀려왔다.

10개가 넘는 수혈을 받으며 세 시간이 넘는 대수술을 받고 다음 날 나는 중환자실에서 깨어났다. 죽을 고비를 그렇게 넘기고, 인간의 몸이란 참 신기하구나 느끼며 단 일주일여 만에 퇴원을 했다.

퇴원 후 딱 6개월쯤 남편은 나를 신줏단지처럼 아꼈다. 무거운 것을 못 들게 하는 건 기본이고 꼼짝달싹을 못 하도록 하더니 딱 6개월 후 정상으로(?) 돌아왔.

군대 갔다 오면 군기 빠지는 데 3개월이라더니, 죽다 살아 오면 애지중지 6개월이더란 것을 알았다.

그렇게 낳은 막내가 9개월이 되었을 때 우리 가족은 남편의 포스닥(박사 후 과정)으로 영국에 가게 되었다. 그곳에서 거의 3년을 살았는데 열심히 영어독서를 하다가 우연히 읽게 된 책이 《The boy who called it》 즉, '그것이라 불리었던 아이'라는 책이었다.

책은 극심한 학대로부터의 생존자가 쓴 자서전이었고 내

용은 가히 충격적이었다.

이 사건은 당시 영국 전역을 떠들썩하게 하였고, 학대에 대한 법 제정 및 최초로 아동학대에 대해 전 국민에게 제대로 된 경각심을 일깨운 계기가 되었노라고 했다.

마치 정인이 사건처럼.

주인공 소년은 알코올 중독성 분노조절장애가 있는 친모로부터 장기간 심각한 학대를 당했다. 그는 4남매 중 셋째였는데 왜 자신이 학대의 당사자로 지목되었는지 성장하며 줄곧 궁금해했고 자신이 과연 사랑받을 만한 존재인지 끝없이 회의하며 고통받았다.

자전소설은 3부작으로 1부에서는 똥을 먹이거나 화상을 입히고 늘 죽음의 공포에 시달릴 정도로 굶기며 혼자서 바깥 창고에서 추위에 떨며 자게 하는 등의 친모의 잔혹한 학대 이야기와 그로부터 주인공이 구출되기까지의 이야기였다. 대여섯 살 유아기에 시작된 학대는 초등학교 2학년 무렵 늘 상처를 달고 있고 유난히도 마르고 왜소한 아이의 모습에 용감하게 학대 신고를 해준 학교 선생님 덕분에 아이는 구출되며 막을 내렸다.

2부는 구출된 후 임시 보호소에 있다가 여러 그룹홈을 전전하며 방황하는 주인공의 성장 과정이 그려졌다. 원인도 모른 채 사랑을 주어야 할 친모로부터 생명의 위협까지 느낄 심한 학대를 당한 소년이 가장 힘들어한 것은 '왜?'라는 의문이었고, 자신이 과연 사랑받을 만한 존재인가는 끝끝내 풀리지 않는 고통스런 질문이었다.

결국 훌륭한 그룹홈 양부모가 사랑으로 그를 입양하여 그 의문에 종지부를 찍게 해주었다.

3부에서는 성장해서 직업 군인이 된 주인공의 삶을 그렸는데, 그는 결혼을 앞두고 또 자신의 아들을 낳기 전 자신이 과연 좋은 남편 좋은 아빠가 될 수 있을지 몹시 두려워했다.

결국 그는 자신의 아이가 태어나기 전, 성인이 되어서조차 극심한 두려움을 느끼며 끝내 미뤄왔던 일, 즉 친모를 찾아가 만나기로 결정하고 실행했다.

알코올 중독에 찌들어 있는 노쇠한 늙은 여인을 앞에 두고 학대피해자였던 청년은 떨리는 소리로 물었다.

"왜 나였어요? 왜 그러셨나요? 도대체 왜??"

속 시원한 대답은 기억에 없다.

그래도 그렇게 주인공은 평생에 걸쳐 자존을 회복하고 자신을 괴롭히던 회의에서 벗어나 아들과 낚시하며 좋은 아빠로 살아가는 감동적인 실화 이야기였다.

그 책을 읽은 후 벅찬 가슴으로 나는 생각했다.
언젠가는 이런 일을 해야겠다고 꼭 이런 아이들을 키우는 일을 하고 싶다고! 그리고 언제나 우리의 생각은 현실이 되어 우리 앞에 나타남을 증명하며 어여쁜 딸들을 키우며 나는 살고 있다.

5
왜 꼭 내가 해야 하는 걸까?

아이들을 살리고 싶어!

"그러니까 왜 꼭 그걸 당신이 해야 하는 거냐고??"
남편이 절규하듯 소리쳤다.

처음 산골 대안학교를 만들 때부터 반대를 했던 남편이 학교의 긴 실패의 시간을 거쳐 이제 아이들을 직접 키우는 공동생활가정(그룹홈)을 또 만들겠다고 하니, 분노하며 던진 질문이었다.

대안학교를 만들고 운영하다 실패하고 그럼에도 포기하지 못하고 학교를 끌고 오다 또 다른 일을 벌인다는 것에 남편은 너무나 격분했다.

남편의 절망에 찬 표정을 바라보며 가만히 되뇌었다.

'그러게…! 왜 꼭 내가 해야 할까???'

굳이 이유를 찾자면, 삶의 길목 길목에서 아이들에 대한 마음이 뜨거워졌던 기억들이 있었다. 영국에서 학대에 대한 책을 읽고서 꼭 이 일을 하고 싶다고 순간 느꼈던 열망.

아주 어릴 때부터 유독 아이들을 좋아했던 기억.

약하고 사랑스러운 아이들이 아프고 행복하지 못한 것이 너무 싫었다. 이해받지 못하는 아이, 긴 울음 우는 아이는 나를 슬프게 했다. 내 DNA에는 본능적으로 아이들을 깊이 이해하고 존중을 바탕으로 대할 수 있는 능력이 내장되어 있는 것 같았다.

대안학교를 실패하며 이미 상당한 금전적 손실을 보았는데, 아이들을 위한 집을 하나 만드는 데도 초기엔 지원이 전혀 없어서 내가 감당하기엔 도저히 불가능한 정도의 자금이 필요했다. 남편이 엄청나게 싫어하고 반대한 것은 어쩌면 당연한 일이었으리라 이해도 된다.

남들은 돈을 주어도 하고 싶어 하지 않을 힘든 아이들을 키우는 일을 하고 싶어서 어렵사리 입을 떼어 후원금을 구하고, 1년 하고도 수개월 동안 나는 무임금으로 주 3일씩 교대 근무를 하며 내 인생 최악의 시기를 겨우겨우 견뎌내었다.

그 당시 남편 덕에 내 아이들 키우면서는 단 한 번도 겪지 않았던 돈에 대한 고민을 어찌나 치열하게 했던지…. 막막한 마음에 밤을 하얗게 뒤척이던 날들이 어제마냥 생생하다.

가끔 그룹홈에서 자던 밤, 깜깜한 가운데 아이 옆에 누워 있노라면 내가 마치 거미줄에 걸린 먹이처럼 느껴졌었다. 이미 내 품에 들어온 아이들은 서너 명인데 늘 돈은 달리고 역량이 부족한 직원들은 아이들보다 더 나를 힘들게 했다.

그 여파는 몸 안에 흔적을 만들어 그로부터 2년쯤 후 나는 위 하부에 아기 주먹만 한 종양이 생겨 꽤 큰 수술을 받아야만 했다.

남편의 질문이 아니어도 아이들을 키우고 싶은 열망에 대안학교를 만들고 그다음으로 공동생활가정을 만들며 힘든 순간순간마다 나는 성모님 앞에 앉아 질문하곤 했었다.

'꼭 해야 하나요? 왜 하고 싶은 걸까요? 성모님! 고통 속에 있는 저 아이들 어찌하실 건가요??'

그렇게 기도할 때마다 이런 생각이 올라왔다.

'안 해도 되지. …근데 …그럼 …이제부터 뭐 하며 살지?'

내 안에서 진심으로 하고 싶은 일을 하지 않으면, 몸은 편해지겠지만 지금보다 행복하지 않을 거라는 생각이 들었다.

너무 힘들어 가슴 속 돌덩이를 제발 치워달라고 성당으로 달려가 울며 기도했던 날도 있었는데 그래도 하지 않으면 더 행복하지 않을 것 같다니…. 미친!!
결국 전원주택의 꿈을 이룬 후 잔디밭에서 풀을 뽑다가 그 행복한 순간에 문득 떠오른 생각!
'이렇게 행복한데 이제부턴 뭐 하지?'
그때 떠오른 생각도 '아이들을 살리고 싶다!'였다.

내 추천으로 남편의 대부가 되었던 분께서 어느 날 통화 중 나에게 말했다.
"자매요. 자매보다 아~~ 아들 잘 키우는 사람들 수두룩한데 와 그런 일을 한다꼬 난리요?"
그룹홈을 만들기 위해 공간부터 마련해야 하는데 내가 오랫동안 봉사도 하고 꽤 큰 기금도 모으는 데 적잖은 기여를 했던 후원단체에 아이들이 살 집의 보증금을 좀 빌려주십사 요청했는데, 신부님의 허락이 떨어졌음에도 반대하시더니 하신 말씀이었다.
같은 마을에서 각각 세 아이들을 키우면서 교육적 철학이 달라 약간의 토론도 있었지만 어디까지나 서로 존중하며 지냈던 친한 교우였다.

사업을 하며 꽤 유복했던 그 집은 엄마가 삼 남매의 스케줄을 철저히 관리하며 시골임에도 땅을 밟지 않을 만큼 아이들을 학교에서 학원으로, 학원에서 집으로 실어 날랐다.

나는 작은 면 소재지에서 아이들이 방과 후 운동을 갈 때는 학원 차를 이용하지 말 것을 권했는데, 하루는 그 건에 대해 말씀하시기를

"자매요. 인도도 제대로 없는데 그래 걸어 다니게 하다가 교통사고라도 나면 책임질 거요?" 하셨다.

'내가 누구에게 책임져야 한다는 거지?' 어리둥절했었다.

아마도 보호를 못 했으니 사고당한 내 아이에 대한 책임을 말씀하셨던 듯한데 내 생각은 달랐다. 제 발로 세상을 향해 걸어 나가는 아이의 모든 위험을 막아줄 수는 없고 또 막아주려 해서도 안 된다고 나는 믿었다.

방임처럼 과잉보호는 어쩌면 또 다른 학대의 모습일 수도 있다. 아이의 타고난 재능, 스스로를 보호할 능력을 사장시키는 학대.

방임된 많은 아이들이 제때 필요한 자극을 받지 못하여 정서적, 인지적 발달지연으로 많은 문제를 보이듯이 과잉보호는 어쩌면 아이의 스스로 배울 기회를 차단하여 발전을 저

해한다는 면에서 비슷한 부정적 결과를 가져올 수 있기에 그러하다.

세월호의 많은 아이들이 보호하지 않아서 죽은 거냐고 나는 뒤늦게 생존 수영을 가르치고 보호를 부르짖는 이들에게 참다못해 물은 적이 있다.

아이들이 바다에만 뛰어들었다면 살 수도 있었을 것을!!

생존 조끼를 입은 아이들조차 실내에 가만히 있으라고, 보호해 줄 거라고 거짓말해서 말 잘 듣게 키워 다 죽여놓고선 또다시 보호를 부르짖으며 아이들을 약하고 생존본능에 무능하게 키운다.

참으로 뻔뻔하다. 아무도 책임지지 않는 이 나라는!

아이들은 제 발로 걸어야만 사고를 피할 능력이 생긴다. 길을 걷지 않으면 위험을 인지하지 못해 피할 수도 없다.

안전하게 키우면 안전한 삶일까?

내 아이들이 어릴 때의 일이다. 당시 살던 아파트 바로 위층에 가끔씩 서로 오가며 지내던 집이 있었는데 그 집은 예닐곱 살짜리 딸아이를 거의 항상 집 안에서만 놀게 했다. 하루는 함께 놀이터에 나가서 아이들을 놀리자고 내가 제안했고 바로 집 앞 놀이터로 장소를 옮겼다.

우리 아들은 언제나처럼 신나게 놀고 있었고 그 집 딸아이도 모처럼 바깥공기를 쐬니 아주 좋아했는데 모든 행동이 어설펐고 빠릿빠릿하지가 않았다. 놀이터를 나간 지 채 한 시간도 되지 않았을 무렵, 다른 아이가 타는 그네에 윗집 딸아이가 부딪히는 사고가 났다. 다행히 아주 세게 타던 때는 아니어서 피가 나거나 꿰매어야 할 정도의 상처는 아니었지만 아이는 놀라서 울었고 즉시 우리는 집으로 철수했다. 나는 너무 미안해서 다시는 바깥에서 아이를 놀리자고 권할 수도 없었지만 그 아이가 왜 다쳤는지는 알기에 다시 오로지 집 안에서 안전하게(!) 양육되는 그 아이가 몹시 안타까웠다.

사고는 움직이는 그네를 인지하고 피할 수 있는 그 아이의 본능적 감각이 키워지지 않았기에 발생한 것이라고 나는 느꼈다.

이제부터라도 오히려 햇볕도 쏘이며 흙도 만지고 자유로이 밖에서 많이 놀게 해야 한다고 말해주고 싶었지만 노여움만 키울세라 입을 다물었다.

아이들이 놀이를 통해 발전시키는 감각과 기능, 지능은 상상을 초월한다. 그럼에도 위험의 가능성을 끊임없이 들먹이며 역동적인 모든 삶의 가능성을 차단시켜 버린다는 것은 진정 어리석은 발상이 아닌가 말이다.

 모든 위험을 막아주어서는 아이들이 튼튼하게 자라 온전한 자신의 삶을 풍성하게 누릴 수 없다.
 우리는 단 한 사람 예외 없이 예측 못 할 미래와 불시의 위험이 도사리는 세상에 살고 있다. 그것을 두려워하며 소극적으로만 살기에 인생은 짧고 삶은 너무 매혹적이라고 나는 느낀다.
 인생에는 고통 총량의 법칙이 있어 누구나 비슷한 정도의 고통과 아픔을 겪게 된다는 말이 있다. 누군가의 인생 초반이 평온하고 쉬웠으면 중년, 혹은 노년이 쉽지 않고, 그 반대도 있을 수 있다.
 그러니 모든 위험을 막아주고 제거해 주기보다 스스로를 믿고 위험을 이겨낼 수 있는 긍정적이고 강한 아이들로 키워야 하지 않겠는가?

아이들은 믿어주는 엄마의 치마폭만큼 큰다

딸아이가 서너 살 무렵의 일이다.

아이와 놀이터를 나갔고 얼마 후, 나는 언제나처럼 벤치에서 책을 읽고 있었다. 그때 문득 "아이고~! 자 엄마 누고? 엄마도 없나?" 하는 소리가 들렸다.

고개를 들어보니 겨우 아장아장 걸음을 걷던 자그마한 딸아이가 양손에 줄을 잡고 외나무다리를 조심조심 건너가고 있는 모습이 눈에 들어왔다.

높이가 족히 어른 키 이상이었으니 상당히 위험해 보이는 것은 맞는데 딸아이 행동을 보니 불안하지가 않았다. 아이는 아주 차분하고 조심스럽게 한 발씩 내디디며 천천히 전진하고 있었으므로.

나는 아무 말도 하지 않고 조용히 아이 근처로 다가가 기다리다 딸이 외나무다리를 다 건넜을 때 진심으로 축하하고 칭찬해 주었다. 너는 정말 대단한 아이라고.

아마도 아이가 먼저 그 일을 하고 싶어 의견을 구했어도 나는 허락했을 것이다.

"떨어지면 다칠 수도 있는데 해낼 수 있겠어?" 물어보고 아이가 그렇다고 하면 믿어주고 분명 격려했을 것이다.

아이들은 믿어주는 엄마의 치마폭만큼 큰다고 한다.
양육자의 불안이나 판단을 앞세워 아이의 모든 의욕을 꺾어버리는 것. 과잉보호하여 때로 발달조차 저해하는 우리나라 양육 패러다임이 이제는 좀 바뀌기를 나는 바란다.

그냥 내려놓으세요!

영국에 살 때 막내가 만 두 살 무렵.
아침이면 밖으로 나가겠다고 현관에 주저앉아 제 신발을 탁탁 두드리는 아이를 끝내 못 이겨 나는 아이를 거의 방목하다시피 키웠다.
넓은 잔디운동장을 가운데 두고 둥글게 외국인들이 모여 사는 기숙사 마을이었는데 아이는 혼자서 나가 놀다가도 비슷비슷하게 생긴 집들 가운데 제 집을 금세 잘도 찾아 들어왔다.
그렇게 눈 뜨면 놀이터에 나가 놀며 잔디밭을 누비고 놀았으니 막내아들은 작은 체구였지만 날다람쥐마냥 재빨랐다.
어느 날, 아이들이 놀고 있는 모습을 보고 있는데 젊은 중국인 부부가 한 다섯 살은 되어 보이는 키의 길쭉한 사내아이를 힘겹게 안고 다가왔다.

"우리 아이는 잘 걷지도 못하는데 당신의 아이는 정말 **빠**르네요!! 비결이 뭔가요?"

그 젊은 엄마에게 내가 해준 말은 단 한마디, "Just leave him!"

"애를 내려놓으세요!"였다.

이제 조금은 설명이 되었을 것 같다. 그 아이는 전혀 아픈 아이가 아니었다.

다만 과잉보호는 방임만큼 아이의 발달을 저해한다는 것을 보여준 사례일 뿐.

자, 이제 왜 내가 해야 하느냐는 물음에 답할 수 있을 것 같다.

누군가는 해야 할 일인데, 내가 조금 잘할 수 있을 것 같았고, 하고 싶었으니까.

허나 잘할 수 있음은 증명하기가 어려웠고, 처음부터 잘할 수 있는 것도 아니었다.

그래서 돌아보면 부족한 나를 준비시키신 길었던 그 고난의 시간들은 참으로 필요했노라 인정하지 않을 수 없다.

2부

소명으로 가는 길

1
대안학교를 열다

"엄마! 선생님이 자꾸 노려봐!"

6학년 초 학교에서 돌아온 막둥이가 말했다.

이게 무슨 소린가 했다. 자초지종을 들어보니 8시 40분까지 등교인데 조금씩 시간을 넘기고 교실로 들어서는 아이를 담임이 말없이 노려본다는 소리였다.

가슴이 서늘했고 화도 났다.

우리 집은 산 아래 위치한 전원주택이라 내가 아이 등교를 돕고 있었다.

유독 체구가 작고 몸이 약했던 막내는 아침이면 깨우기가 몹시 힘들었고, 겨우 일으켜 식탁 앞에 앉혀놓으면 몇 숟갈 밥 먹는 게 또 그리도 느렸다.

6학년인데 종종 3학년으로 오인받던 아이를 마구 다그쳐 일찍 보내기가 힘이 들었다.

그러던 차에 담임이 아이를 노려본다는 말은 혼이 났다거나, 몇 대 맞았다는 말보다 훨씬 기분이 좋지 않았다.

왜 내게 의논하시지 않았을까?

왜 좀 더 일찍 보낼 수 없는지 내게 묻지조차 않았을까?

따져 묻고도 싶었지만 아이 맡긴 죄인이라 그때부터 최대한 지각을 않도록 애만 썼다.

그리고 아이가 미움받으면 안 되겠다 싶어 학교 도서관 봉사 신청도 했다.

학기 중반쯤 아침 일찍 담임으로부터 전화가 왔다.

아이가 책을 집어던졌다며 격앙된 목소리로

"어머니, 교사에겐 인권도 없나요?"라며 노발대발하셨다.

언어 문제로 어릴 때는 생떼가 심한 적도 있었지만, 말이 되고부터는 대화로 모든 게 순조로웠던 아이였다. 무슨 일일까 걱정하며 점심시간에 맞춰 학교로 갔다.

이제는 어느 정도 화가 풀린듯한 담임 선생님이 말씀하시길, 당시 부활한 학력평가를 위해 전체 반에 문제지를 배부하고 매일 1회씩 풀라는 숙제를 내주었고 오늘 검사를 했다고 하셨다.

그리고 다른 아이들보다 현저하게 숙제를 안 한 아이에게 오늘 방과 후 남아서 다 풀라고 했더니 제자리로 돌아간 아이가 문제지를 소리 나게 털썩 놓았고, 그래서 화가 났노라 하셨다.

공부를 잘하지 못해도 친구들 만나고 노는 게 좋아 학교를 마냥 좋아하던 막내가 남아서 다 풀라는, 사실은 불가능한 화풀이 말씀에 얼마나 낙담했을지 상상이 가고도 남았다.

왜 그런 숙제가 있는지도 몰랐을까?

알았다면 당시 아이 학습을 돌봐주시던 과외선생님께 부탁해 도와줄 수도 있었을 텐데?

의아해하던 중에 "어머니, 다른 아이들 다 잘 따라오는데…. 제가 ○○이를 포기할까요?" 상황 설명 직후 이어 진 담임의 질문에 순간 말문이 턱 막혔다.

'저런 질문을 하는 선생님이라면, 아이가 따르지 않겠구나'라는 생각이 스치며 차라리 아이에게 무관심해 주는 게 낫겠단 판단을 순간적으로 했다. 잠시 망설이다 "정 힘드시면… 그냥 포기하셔도 됩니다." 하고 답했으니 힘듦을 하소연하고자 했을 담임이 바랐던 정답도 아니었을 것이다.

그해 여름방학에 우연히 소개받은 대안학교 캠프에 아이

를 보냈다.

아이를 데려다주고 산과 들로 에워싸인 시골학교의 운동장을 천천히 산책하는데 싱그러운 바람결에 실려 온 상큼한 자연 향에 마음을 홀딱 빼앗겼다.

아이가 이곳에서 맘껏 뛰어놀았으면 하는 바람이 간절히 올라왔다. 이곳에 보내면 적어도 방과 후 아이들과 실컷 놀 수는 있겠구나 싶었다.

당시 아이는 방과 후면 언제나 친구들과 놀고 싶어 했지만, 대부분의 아이들은 "나 학원 가야 해…." 하며 각자 다니는 학원으로 뿔뿔이 흩어져 막내는 늘 함께 놀 친구에 목말라했다. 여기 다니면 학원 갈 일은 없으니 항상 친구들과 같이 놀 수 있겠다는 게 첫 생각이었다.

첫 캠프에 다녀온 후 남편과 큰 아이들을 포함하여 다시 학교를 방문해 좀 더 꼼꼼히 시설도 둘러보고 상담도 하고 귀가 후 가족 투표를 진행했다. 결과는 3대 2로 대안학교를 보내는 것으로 결론이 났다.

새 학기가 되어 아이를 대안학교에 보내겠다고 말씀드리러 학교에 가니 담임 선생님께서 난색을 표했다. 두어 달이라도 더 다녀서 졸업을 하고 보내길 권하셨는데 이미 아이가 대안학교로 등교를 시작했기에 어렵다고 말씀을 드렸다.

그랬더니 서류를 만들어 와 사인을 하라고 해서 읽어보니 아이가 자주 싸웠고 문제가 많아서 떠난다는 식의 면피용 내용이 적혀 있었다.

사인을 해주지 말았어야 했는데, 그마저도 따지고 자시고 하는 게 의미 없이 느껴졌다.

한 점 미련 없이 공교육을 박차고 나왔다.

때로 너무 용감해서 세상을 어렵게 살지 않았나 싶은 대목 중 하나이다.

막둥이는 그 대안학교를 2년 다녔다. 학교는 무섭게 성장을 하다 2년 후 설립자의 재정 비리가 밝혀지면서 지난한 과정을 거쳐 끝내 문을 닫았다.

그 과정에 학교를 살리고 싶어 참여했다가 몇몇 학부모들과 함께 차라리 직접 다른 대안학교를 만들자 하여 찾아낸 공간이 산바라기 학교이다.

남편이 극구 반대했지만 나는 아이들을 행복하게 키울 학교를 만들고 싶다는 일념으로 가득했고 한번은 꼭 해보고 싶던 일이었으니 반대의 소리는 귓등으로도 듣지 않았다.

그리고 갖은 우여곡절 끝에 마침내 2014년 세월호의 충격이 전국을 무겁게 가라앉혔던 그해 나는 아이들을 행복하게 키운다는 철학을 바탕으로 대안학교의 첫 시작을 알렸다.

2
대안학교에서 대안가정으로

　대안학교 운영은 순조롭지 않았다.
　설립 전 그토록 많은 만남과 논의를 거듭했건만 실상은 아이들을 행복하게 키운다는 철학에 대한 이해도 구성원 간 제대로 정립되어 있지 않았다.
　처음 국어를 맡은 분은 아이들에게 수업을 위해 읽어야 할 책과 분량을 정해주고 수업 시간에 제대로 읽어 오지 않은 아이들에게 까맣게 깜지를 쓰는 벌을 주었다.
　아이들은 이 학교의 책임자는 누구인지 물어오며 국어 수업에 대한 불만을 토로해 왔다.
　독서를 하지 않았다고, 숙제를 해 오지 않았다고 깜지를 쓰게 한다고? 벌을 준다고? 그럼 독서가 장려가 될까?
　우려하며 독서를 장려할 수 있는 다른 대안이 필요하지 않겠냐는 내게 저항하며 이분은 자신을 지지하던 학부모와 나를 대립시켜 엄청난 소란을 일으킨 후, 내가 미련 없이 학교를 떠나겠노라 하니 그제야 자신이 교장을 맡을 자신은 없다면서 어떻게 하면 다시 나와 일할 수 있겠는지 물었다.

선을 많이 넘었기에 소정의 위로금을 제안하고 바로 떠나시게 했다.

어느 날, 복도를 지나다 수학 수업 중인 교실을 들여다보게 되었다.

거기 단 세 명의 아이, 각각 수준이 다른 아이들을 앉혀놓고 선생님은 열변을 토하며 수업을 하고 있었다. 그러나 교실 안 공기에 아이들의 열의나 집중의 느낌은 전혀 없었다.

저건 아닌데? 하는 느낌에 수업이 끝난 후 선생님과 면담을 했다.

내가 보고 느낀 바를 얘기해 주며 말씀드렸다.

"선생님, 아예 가르치지 마세요. 애들 한글 알잖아요? 각자의 수준에 맞는 교재를 선정해서 스스로 공부하게 하고 질문만 받으세요. 질문이 없을 땐 선생님도 자신의 공부를 하시면 좋겠습니다."

나는 정해진 걸 무작정 가르치지 않는 학교를 하고 싶었다.

때론 아무것도 배우지 않아도 되고, 하지 않아도 되는 학교를 하고 싶었다.

하고 싶은 것, 배우고 싶은 것을 스스로 정할 수 있는 학교, 즉 원할 때까지 아무것도 하지 않아도 배우지 않아도 되는 학교를 만들고 싶었다.

그럼 방치 또는 방임하는 것일까? 아니다.

기본적인 보호에 관한 것, 즉 적당한 시간에 먹고 자고 씻는 것과 공동체 일원으로서의 의무나 규칙 등은 따라야 할 것이나 그 외 모든 배움은 내적 욕구에서 비롯되는 것이 가장 좋다는 것이다.

배움은 내적 동기나 호기심 등을 연료로 능동적으로 행해질 때 가장 효과적이고 바람직한 결과를 얻을 수 있다고 보았다.

그런 의미에서 커리큘럼이 정해져 있고, 강제되는 모든 배움은 어쩌면 아이들의 열정을 앗아가고 오히려 성장에 해로울 수 있다고 생각했다.

갓 태어난 아기에게 언제가 뒤집을 때, 기어다니기 시작할 때, 걸어야 할 때라고 알려주거나 가르치려는 부모는 없지 않은가? 아이들은 때가 되면 스스로 배우고 성장한다.

아장아장 걸음을 떼면서 세상을 처음 접하는 아이들에게 배우기 싫다거나 지루함이란 게 존재하는가?

모든 인간은 자연적으로 배우고 앞으로 나아가는 존재로 태어난다고 생각할 때 도대체 우리는 왜 획일적인 그 긴 의무 교육에 코 박고 강제되고 시달려야 하는가?

인간은 혼자 살 수 없는 존재이니 사회성을 배우기 위해서? 또는 이 사회에서 살 기본 지식 및 기술, 학력을 갖추기 위해서?

그러한 이유들을 내세우며 학교라는 제도의 정당성을 제아무리 강변하려 해도 학교란 시스템은 기껏해야 백 년 남짓한 역사를 가지고 있다.

또한 사회성을 우리는 왜 또래집단 내에서 배워야만 하는가? 사회에 나가서 또래끼리 일하며 살게 될 것도 아닌데 비교당하고 비난받으며 자연스러운 성장을 부정당하면서 말이다.

우여곡절 끝에 대안학교는 2년 만에 문을 닫았다.

재정문제는 당연히 따랐지만, 가장 큰 어려움은 당시 아이들이 가진 무기력, 우울 등 정서문제의 치유를 우선시하던 나와 결국은 내 아이가 괜찮은 대학을 가서 성공적인 사회인이 되기를 성급하게 원하는 학부모들과의 교육에 대한 온도차였다.

또 하나의 현실적인 운영상 가장 큰 문제는 시설도 열악한 데다 교사진도 부족하고 오지에 위치한 무명의 학교에서 아이들을 추가로 모집하기란 불가능에 가까웠다는 사실이었다.

개교 후 단 두 명의 아이들이 왔었는데, 두 아이 모두의 사연이 기막혔다.

한 아이는 자신의 학급 여학생 모두를 음란 비디오에서 본 흉내를 내며 추행하여 재판을 앞둔 초등학교 4학년 남자아이였다.

초기에 아이는 약간의 건방이 보였으나 곧 아이는 아이인지라 형들과도 잘 어울리며 학교생활을 좋아하게 되었으나, 얼마 후 열린 재판에서 그 나이로는 최초의 받기 힘든 판결을 받아 소년원에 6개월 수감되었다.

내 평생 처음으로 방청석에 앉아서 본 재판에서 아이는 판사에게 "잘못했어요, 잘못했어요."를 반복하며 두 손을 싹싹 비비며 징징거렸고, 그 모습을 본 판사는 오히려 대노했다.

"너는 다른 아이들에게 엄청난 짓을 저질러 놓고 너 혼자

살자고 하는 거냐?"하고 큰 소리로 혼을 내더니 어려서 설마 했던 판결이 내려진 거였다.

아이를 지켜본 결과 아이의 저 행동은 부모에게는 언제나 먹혀들었던 행동이었다.

어린이를 소년 범죄자로 만든 것은 영향력 있을 만큼 부유했던 부모의 존재에다 아들에겐 한없이 약했던 양육 태도가 한몫을 했음을 알 수 있었던 사례였다.

또 다른 아이는 막 여덟 살이 된 상당히 어여쁜 용모의 작은 소녀였다.

친부가 갑자기 심장마비로 사망한 지 오래지 않아 새로운 남자 친구를 따라 경기도로 이주해 온 엄마가 아이를 맡기러 온 것이었다. 엄마와 삼촌이라는 남자가 아이를 맡겨두고 간 첫날, 아이가 갑자기 자신의 키 높이인 싱크대로 쪼르르 달려가더니 두 팔을 걷어 올리며 "제가 설거지할게요. 저 잘해요!"하며 불안해하던 모습이 선명하다.

아이는 나중에 재혼한 계부의 의견으로 집으로 돌아가 근처 공립학교로 옮겨 갔다.

그 아이… 지금은 성인이 되었을 텐데 어떻게 자랐을까 몹시 궁금하다.

학교는 고등부 아이들 세 명이 졸업하던 설립 2년 후 끝내 문을 닫고 교육청에 반납되었다.

그 후 마을의 요청으로 1년간 마을활동가로 봉사하다가 마을이 되찾아 온 학교를 마을 주민들로부터 포기양해각서를 받고 온전히 넘겨받았다.

그러나 학교에서 아이들을 키우고 싶던 오랜 꿈은 아직도 이루어지지 않았다.

누구도 백그라운드가 되어줄 힘 있는 부모도 없는 이 사회 누구보다 약자인 상처받은 아이들을 살리는 일에 진심으로 관심이 없었다. 지난 십여 년 우리 사회는 똑똑한 아이들을 더 잘 키우고 강자가 더 강자가 되도록 하는 데 집중하는 시기였지, 약자도 함께 보듬어 살아가야 한다는 개념조차 없어 보였고, 그런 일을 하고자 하는 나의 의도조차 수시로 의심받았다.

실제로 그런 아이들을 키우겠다는 내 순수한 의도를 믿지 못하겠다고 대놓고 말하는 교육청 공무원도 여럿 있었고 초기엔 마을 사람들도 내게 사실은 학교를 이용해서 돈을 벌려는 것 아니냐고 하기도 했다.

하지만 나는 보았다.

그 많은 마음이 아픈 아이들이 교육청 인가 대안학교라 이름 붙여진 정신병원 안에 수용되어 있는 현실을! 환자복을 입히고 우울증 약을 먹이며 건물 안에 가두어 키우며 아이들을 살리려 하다니!

너무나도 마음 아팠다.

그리고 나는 그게 정답이 아니라는 걸 안다! 마음이 콩알만 해진 아이들이 다시 살아나려면 생명이 충만한 자연 속에서 새처럼 자유로워야 하고 충분히 존중받아야 함을 나는 알았다.

학교는 끝내 실패했으나 후회는 없다.

꿈을 향해 전력을 다해보았고, 비록 학교에서는 아니지만 그토록 원했던 아이들을 키우는 집이 산바라기 학교의 치유 캠프로부터 잉태되어 탄생했기 때문이다.

3
아이들의 집, 그 시작 이야기

장기 양육을 필요로 하는 요보호 아동 청소년을 키우는 공동생활가정 "썸머힐"은 2018년 겨울, 산바라기 학교의 치유캠프에 참여했던 보나의 요청으로 만들어졌다.

한 달여간의 캠프에서 기초학력 보충수업, 겨울산행, 스키강습, 볼링강습에 연극, 봉사활동 등 다양한 프로그램으로 함께한 후 아쉬워하며 헤어졌는데, 얼마 지나지 않아 당시 5학년이었던 보나가 한 2주간 매일같이 전화해서 자기를 키워달라고 대성통곡을 하는 거였다.

한 달여간 함께 방을 쓰며 돌보았지만 그리 길지 않은 그 시간 속에서 아이는 나에게서 무엇을 보았던 걸까?

최근에 "그땐 왜 그랬었니?" 물어보니 경쾌하게 "몰라~!" 하던 녀석.

2019년은 내 인생에서 가장 힘들었던 한 해라 할 수 있을 만큼 그룹홈을 만든다는 건 언감생심 생각할 수도 없을 만큼 암울한 시기였다. 2년간 운영하던 대안학교를 실패하고 마을활동가로 1년, 사회적 기업가로서 2년을 살며 남은 것은 빚과 사람들로 인해 너덜너덜해진 상처 입은 마음뿐이었던 상황이었다.

그럼에도 매일 눈물로 자기를 키워달라는 아이를 외면하기는 쉽지 않았다. 게다가 어느 날, 보나를 키우던 원장님께서 전화를 바꾸시더니 대뜸

"현재 우리 집이 남아 여아 혼합인데 법적으로 계속 같이 키울 수가 없어요. 내년에 남자아이들이 입학하게 되면 어차피 분리해야 하는데 하나 만드시죠? 제가 남자아이들 키울 테니 여아 시설 하세요!"

툭 던지신 말에 아이는 더욱 난리가 났다.

미처 대답을 하기도 전에 언제 만들 거냐?

언제 데려갈 거냐며 아예 자기를 키워줄 걸로 단정을 해버렸다.

일이 이렇게 돌아가기도 했지만 사실은 아이들을 키우는 일을 몹시 하고 싶었다. 비록 학교는 계속 실패 중이었지만 나는 무모하게도 가능성을 타진해 보기 시작했다.

그룹홈을 설립하려면 최소 82.5㎡(실평수 25평가량) 이상의 아파트나 주택에다 법령에 적합한 시설, 즉 방 3개 이상, 화장실 2개 이상의 주거를 마련하고 자격증을 갖춘 인력과 최소 1년 이상 운영할 운영비까지 증빙하여 신고해야 한다. 그리고 신고증을 받게 된 후 아이가 입소하면 그 시점부터 최소 1년 이상 온전히 자비로 운영하여야 이후 정부의 인건비 지원을 받을 수 있는 심사 대상이 된다. 물론 아이가 먹고 입을 아이에 대한 비용은 기초 수급비로 처음부터 지급되지만, 그 외 월세, 공과금, 직원 인건비 등은 모두 설치하려는 자가 부담하여야 하므로 결코 만만치 않은 자금이 필요했다.

사실상 국가가 책임져야 할 아이들을 키우고자 하는데, 네가 잘 운영할 수 있는지 증명해 보이라는 기간이 최소 1년 이상인 셈이다.

당시 나에겐 여유라곤 없었다.

내 능력으로는 너무나 현실성이 없었으므로 오히려 맘 편히 하느님께 맡기고 일단 가보자 하고 문을 두드렸던 것 같다. 처음엔 다니던 성당에, 그리고 교구청에 그룹홈을 하나 만들 수 없는지 타진해 봤지만 모두 계획에 없다는 답변들만 돌아왔다.

그럼에도 집을 마련하려면 얼마나 드나 비용이나 알아보자 싶어 부동산에 문의를 했는데 얼마 후 때마침 단지 내 가장 안쪽 동에 아이들 키우기 안성맞춤인 1층 집이 월세로 나왔다고 연락이 왔다.

보증금 2,000에 월세 70만 원!

결코 만만치 않은 비용이었지만 못 할 이유를 찾기보다 어떻게 하면 될까?? 궁리하는 나의 초 긍정 마인드가 작동하기 시작했다.

'그래! 저 월세만이라도 마련되면 하라는 하느님의 뜻이라 생각하고 밀어붙이자!'라며 내 평생 처음으로 월세 마련을 위한 정기 후원금 모금을 시작했다.

그런데 막상 해보니 내가 쓸 돈이 아님에도 사람들에게 돈 얘기를 한다는 건 정말 쉽지 않았다. 입을 떼기조차 어려웠고, 겨우겨우 말을 꺼냈다가도 싫은 내색에 부닥치면 마음이 사정없이 의기소침해지는 것이었다.

이때 배운 게 있다면 사람들은 대부분 선한 체하고 살고 있지만, 욕심에 갇혀 있는 사람들은 후원 요청을 엄청 싫어한다는 사실이다. 왜냐하면 나의 인색함이 드러나게 되니까.

마음이 부유한 사람들은 일단 좋은 뜻에 응원을 보내더란 것. 설사 도와주지 못하더라도 그런 일을 해주어 정말 고맙다고 말해주며 힘을 주시는 것을 보았다.

  당시 후원금 마련에 큰 힘을 실어준 그림을 그리던 친구가 있었는데, 흔쾌히 리워드로 쓰라며 자신의 그림을 30여 점 기증해 주었다. 본인이 한때 받은 은혜를 되돌려주는 거니 갚을 필요는 전혀 없다는 감동적인 멘트와 함께.
  그룹홈이 정부 지원을 받을 수 있기 전 넉넉히 2년 동안 매월 5만 원씩을 후원하면 리워드로 300만 원짜리 크기 그림을 한 점씩 주라는 거였는데 이 제안에 힘을 얻어 노력한 결과 그럭저럭 월 50만 원 넘어가는 후원금이 준비가 되었다.
  이 무렵부터 보증금을 궁리하기 시작했다.
  우선 설립 시부터 함께했던 성당의 한 자선단체에 보증금을 빌려줄 것을 청했다. 그 단체는 설립 초기 무엇보다 신부님의 뜻에 순명할 것을 결의하였음에도 도와주라는 신부님의 명을 설립자이자 당시 회장이었던 분이 끝내 따르려 하지 않았다.
  결국 전 회원을 모아 사업설명회를 가진 뒤 과반수이상 동의를 하면 빌려주라는 신부님 말씀에 식사 자리가 마련되었다.
  식사를 마치고 간단히 보나 이야기와 그룹홈에 관한 사업

설명을 마친 후 자리에 앉았는데 그때 회장님께서 내 옆으로 다가와,
"1만 원 낸 사람이나 50만 원 낸 사람이나 한 표요?" 하셨다.
그 한마디 물음에 나는 단호히 그 단체의 돈을 받기를 포기하고 자리를 박차고 나왔다.
복권판매소를 운영하는 중증 장애인 형제가 매달 첫째 날 꼬박꼬박 내신 1만 원과 재력 있는 사업가가 낸 50만 원 중 어느 쪽이 더 큰 금액일까?
굳이 성경에 나오는 과부의 헌금 이야기를 언급하지 않아도 그것은 나를 포함 그동안 소중한 후원금을 냈던 모든 회원들에 대한 모욕이라고 느껴졌다. 막막했지만 한때 존경했던 분의 입에서 그런 말이 나오자 너무나 참담해서 허둥지둥 집으로 돌아와 버렸다.

의기소침해 있는 나에게 남편이 어떻게 되었냐고 묻길래 자초지종을 들려주니 짐작은 했다면서 도대체 얼마가 없길래 그러냐 화를 내며 물었다.
풀죽은 목소리로 보증금이 2,000만 원이라고 했더니,
"당신은 사업한다며 그 정도 돈도 없어? 현금서비스를 내서라도 내가 해줄게!" 했고 실제 그 약속을 지켰으니 홧김에

지른 거였다 해도 남편은 사실 아이들의 집 탄생에 있어 일등 공신이다. 이후 보증금만이 아니라 직원 급여까지 6개월 정도 내주기도 했으니 말이다.

잘할 수 있을 것 같아서, 남들은 기피하는 일을 하고자 해도 사람들은 나의 능력만이 아니라 선의도 선뜻 믿어주지 않았다.
특히 그 단체 회장님은 오랜 이웃으로 좋은 감정으로 지내온 터라 그분의 반대는 당혹스러웠고 이해도 되지 않았다.
그럼에도 지금 생각해도 참 잘했다 싶은 한 가지는 내게 우호적이지 않고 상처 주는 모든 이들의 말이나 행동도 하느님께서 허락하신 것일 터이니 뜻이 있을 거라 여겼고, 그랬기에 서운해하거나 원망하며 크게 감정 낭비를 한 적은 없었다는 것이다.
얼마 후 그 회장님과의 전화 통화에서 "자매요. 자매보다 아~ 아들 잘 키우는 사람들 수두룩한데, 와 그런 일을 한다꼬 난리요?" 하시는 말씀도 이제는 이해를 한다.

그 가정은 최선으로 뒷바라지하여 아이들을 모두 좋은 대학에 보내고, 남부럽지 않게 키우는 게 목표였고 실제로 그렇게 키우셨다. 반면 나는 아이들이 가능한 현재를 행복하게 그리고 본인의 삶은 스스로 선택할 수 있도록 존중하며 키우려 애썼다.

인생은 길고도 오묘한데 현재를 담보해서 미래의 성공이나 행복을 좇기보다는 스스로 살아 삶의 열정이 넘치는 어른이 되길 바랐다.

<u>스스로 만족하고 남에게 이로운 삶!</u> 그거면 되지 않겠는가?

결과는 그 회장님네 세 아이는 인 서울 대학 진학을 했고 나의 세 아이 중 한 아이도 인 서울이란 걸 하지 못했다. 그리고 그건 나에겐 전혀 중요치 않았으나 어떤 사람들에겐 양육 또는 교육의 실패를 의미하는 듯했다.

고작 대학을 어디 가느냐로 성공과 실패를 논하다니 어이가 없었다.

우리 사회는 대학을 잘 보낸 부모에게 자식을 잘 키웠다고 칭송해 왔다. 공부만 잘하면 많은 것이 용서되고 인정받는 사회, 능력으로 존재가치가 평가되는 사회, 남을 밟고 성공해야만 행복할 수 있다고 가르쳤던 경쟁교육이 물질만능주의에다 인간소외의 요즘 세상을 만들었다.

공부를 잘할 수 있는 능력, 뒷바라지가 가능한 부모를 만난 것은 모두 거저 받은 은총이다. 이러한 것들은 전혀 자랑할 게 못 되고, 외려 세상에 갚아야 할 빚이건만 내가 노력한 나의 성과니 나만 누리면 된다는 이기주의가 만연하다.

이미 차고도 넘치는 그런 성공한 어른(?)을 키워내려고 나는 이 일을 하려 한 적이 없다.

3부

아이들의
삶 이야기

1
늑대 소녀 인혜

첫딸 입소하다

첫딸로 입소한 중2 인혜는 '늑대 소녀' 같았다.

처음 의뢰를 받고 쉼터에 아이를 만나러 갔을 때 인혜는 중2 나이임에도 곱게 화장한 얼굴로 다소곳이 앉아 있었다. 질문을 하면 배시시 웃으며 단답형 대답이 돌아왔지만 예쁘게 보이려는 아이 마음이 고스란히 느껴졌다.

며칠 후 인혜는 짐을 챙겨 '썸머힐'에 왔다. 어른 둘이 교대로 돌보기로 하고 집은 마련했으나 가구며 가전이며 여러 가지가 부족했던 다소 썰렁했던 집.

담당이 되면 거의 종일 인혜랑 붙어 있게 되었다. 함께 장도 보러 가고 산책도 나가고 잠도 같이 잤다.

잠자기 전 책을 조금씩 읽어주기 시작했는데, 첨엔 싫다고 하던 아이가 조금씩 귀 기울여 듣더니 살짝 맘도 열기 시작했다.

어느 날, 자려고 누웠는데 인혜가 물었다.

"선생님! 저 같은 아이도 기도하면 천국에 갈 수 있어요?"

"당연하지! 네가 어떤 잘못을 했더라도 천국에 갈 수 있다고 장담할 수 있어." 하니

"제가 기도했거든요. 아빠가 빨리 죽었으면 좋겠다고…. 그래서 아빠가 죽은 거 같은 데도요?" 했다.

인혜는 세 살 무렵 엄마를 잃고 소녀 가장처럼 살며 친부로부터 학대를 당했다.

학대에서 구출 분리되어 쉼터에 머물고 있을 때 친부가 간경화로 사망하여 장기 양육 위탁시설로 오게 되었다.

인혜는 씻기를 거부했다. 함께 밥을 먹으려 마주 앉으면 보름 이상 감지 않은 새까만 머리카락 사이로 큼직큼직 보이는 하얀 비듬들이 눈처럼 우수수 떨어져 내릴 것 같았다.

이빨은 전혀 관리가 되지 않아 앞니는 거의 모조리 썩어 있었는데, 치료 전에 더는 망가지지 않도록 양치질을 하라고 해도 들은 척도 하지 않아 애를 태웠다.

씻지 않고 버티는 아이에게 나는 간혹 "내가 머리 감겨줄까?" 무심한 듯 물었다.

어느 날, 드디어 인혜가 "저 머리 감겨주세요!" 해서 감격스러운 맘으로 샴푸를 듬뿍 묻혀 감기는데 거품이 일지가 않았다. 두 번, 세 번을 손가락으로 두피 마사지를 신나게 해주며 감기니 그제야 거품이 일고 철사 같던 머리카락이 부드러워졌다.
아이가 탄성을 뱉었다. "아! 시원해~"
"시원하지? 그니까 앞으로 일주일에 딱 한두 번만이라도 머리 감고 샤워하자?" 하니 고개를 끄덕이던 인혜.

하지만 그 후로도 잘 씻지 않고 먹은 뒤처리도 하지 않고, 과자를 먹으면 부스러기와 봉지가 거실 바닥에 나뒹굴고, 생리 뒤처리도 할 줄 몰라 까딱하면 변기에 묻혀놓기 일쑤였다.
심지어 생리혈이 묻은 팬티를 세면대에 그냥 던져놓고 스팸은 뜯어서 굽지 않은 채 숟가락으로 퍼 먹곤 했던 인혜는 이후 가족이 된 모든 아이들의 지탄과 원성의 대상이 되었다.
미움받았던 아이들은 미움을 내뿜는다. 오래도록 학대받

으며 제대로 된 양육이나 훈육을 받아본 적 없어 늑대 소녀 같던 인혜를 끔찍이 싫어하는 아이들에게 미움 대신 사랑과 이해를 구하기는 무리였다.

그즈음 종일 핸드폰만 들여다보고 있는 아이의 음식과 빨래와 청소를 해주고 있다 보니 어느 날 회의가 들며 행복하지가 않았다.

내가 이러려고 이 일을 하고 싶어 했던가?

사랑받지 못한 아이는 사랑스럽지 않았고 어른에게 비아냥대며 쏘는 말은 처음 함께하기로 했던 시설장이 분노에 치를 떨며 열흘도 안 되어 나가버릴 정도로 날카로웠다.

하루는 내가 하녀가 된 것만 같은 기분에 "인혜야. 오늘 저녁은 네가 밥해볼래? 내가 가르쳐 줄게." 하니 단칼에 "제가 왜요?" 하곤 방으로 쏙 들어가 버렸다.

밥을 안쳐놓고 방구석에서 핸드폰을 들여다보고 있는 아이 앞에 앉았다.

"인혜야. 폰 잠시만 놓고 내 말 좀 들어줄래? 요즘 사실 내가 이 집을 왜 만들었을까 생각을 해보게 되더라. 넌 내가 왜 너를 키우려고 한 줄 알아? 사실은 나도 사랑받고 싶어서 이 일을 하고 싶었던 거 같아…."

아이는 눈도 마주치지 않고 비스듬히 고개 숙이고 앉아 있었지만 가만히 귀 기울이는 게 느껴졌다.

다음 날 인혜는 스스로 밥을 지었다. 윤기가 자르르 흐르는 맛나게 지어진 밥을 보고 아차! 싶었다. 이 아이는 이미 숱하게 밥을 지었을 소녀 가장이 아니었던가? 못해서가 아니라 해주는 밥을, 아니 사랑을 먹고 싶었던 게 아닌가 싶었다.

이후로 나는 이 아이의 맘에 사랑이 채워지고 저절로 조금씩 사랑이 흘러 넘칠 때까지 가능한 요구하지 말 것을 결심했다.

하지만 나는 그렇게 이해하고 받아들여도 공동체 가족으로 함께 사는 아이들에게 가는 피해는 막심했고, 제아무리 원성이 자자해도 아이는 미동도 하지 않았으며, 인혜의 성장과 변화는 느리고도 느렸다.

하지만 벌레가 나타나면 구원투수는 언제나 인혜였다.

빈곤하게 살았던 아이는 벌레 따위로 비명을 지르는 일 따윈 없었고 누군가 소리를 지르면 슥 나타나 담대하게 퍽! 말없이 처리해 주었다.

눈에는 눈 이에는 이

처음 함께 일했던 시설장은 대화를 할수록 사람이 영 아니었다. 입만 열면 사람에 대한 비난, 아이에 대한 비난 일색이었다.

아이가 온 후로는 그 느낌이 더욱 강해졌지만, 사람을 맘대로 고용할 처지도 아니었으니 그저 1년을 잘 버텨나갈 수 있기만을 바라던 어느 날, 교대하려고 출근을 해보니 인혜 혼자 집에 있었다.

선생님은? 물으니 모른다는 심플한 대답이 돌아왔다.

아이와 장을 봐 와서 정리하다 보니 몇 가지 주방기기가 없어진 게 느껴졌다. 기분이 싸해서 시설장에게 전화를 하니 받질 않았다.

인혜에게 어떻게 된 거냐고 재차 물어보니, 그제야 자초지종을 털어놓았다.

아침에 밥을 먹는데 시설장이

"얘, 핸드폰 내려놔!" 했다고. 들은 척도 않으니,

"얘~!! 핸드폰 내려놓으랬지?"

그래서 핸드폰을 무릎 위에 내려놓고 보면서 밥을 먹었는데 다시 "얘! 핸드폰 내려놓으랬잖아~??" 소리를 지르길래 인혜가 말했다 한다.

"내려. 났. 잖. 아. 요~?!" 특유의 썩소를 날리며 한껏 비웃었을 아이 표정이 눈에 선하다.

그러자 "너 같은 거 키우다가는 내가 제명에 못 살겠다!" 하고는 주섬주섬 짐을 싸서 나가 버렸다는 것이다.

보호해야 할 아이를 혼자 두고, 나에게는 한마디 말도 없이 가버리다니 기가 탁 막혔다.

그 후 한동안 연락조차 두절하며 애를 먹였던 첫 시설장은 나에겐 끔찍한 악몽이었다.

치과 치료

인혜의 치아 상태는 정말 심각했다.

어금니도 충치가 많았지만 앞니는 싸그리 다 썩어서 반도 남아 있지 않아 먹는 데도 불편이 말도 못 했고 양치질을 할 때도 아파하는 것 같았다. 이가 흉하다 보니 음식을 맘대로 먹질 못하는 것도 안타까웠지만 그보다 한창 외모에 신경 쓰는 십 대 소녀가 웃을 때면 늘 입을 가리고 말할 때도 입술을 오므리며 의식을 심하게 하는 형국이었다.

왜 안 그렇겠는가? 급한 맘에 일단 동네 치과병원에 데려가 검진을 받아보았다. 엑스레이 결과를 보던 의사 선생님께서 고개를 갸웃하시며 "앞니 중 하나가 심하게 함몰되어 있는데? 이건 왜 그런 거니?" 물어보셨다.

"아! 그거…. 아빠가 때려서요." 하고 무심한 듯 인혜가 대답했다.

예상 치료비는 최소 삼, 사백만 원을 말씀하셔서 일단 아이를 데리고 귀가했다.

빨리 조치를 취해야겠단 생각에 맘은 급했지만 어디에 어떻게 도움을 청해야 할지 감이 오지 않았다.

궁리 끝에 내가 가톨릭 신자이니 의정부 성모병원 사회사목과에 도움을 요청해 보자는 생각이 났다. 전화로 아이의 상태 및 기관 설명을 드리니 한번 방문해 보라고 했다.

인혜와 병원에 방문해서 치아 상태 확인 및 인터뷰와 서류 작성을 했고, 치과 검진을 통해 필요한 비용견적을 받는 등 일사천리로 일이 진행되었다.

감사하게도 얼마 지나지 않아 사회사목과에서 연락이 왔다. 다행히 여성시대를 통해 조성된 기금으로 필요한 치료비를 다 후원받을 수 있게 되었는데, 다만 비용을 최대한 그해 연말까지 다 써야 한다고 했다. 이미 하반기인 데다 치료할 것이 너무 많아 시일이 촉박했으므로 바로 예약을 잡고 치료를 시작해야만 했다.

인혜를 담당한 치과 선생님은 젊은 여성분이셨는데 치아 상태가 심각하고 빠르게 많은 치료를 해야 하니 갈 때마다 긴 시간을 비워두시고 치료를 시작하셨다.

그러나 간단한 준비 작업이 끝난 다음 본격적인 치료를 위해 잇몸에 마취 주사를 놓으려고 하자 인혜는 아픔에 대한 공포를 드러내며 입술을 앙다물고 치료를 거부했다. 어떻게 얻은 기회인데 싶어 애가 타고 기가 막혔다.

의사 선생님은 갖은 말로 회유하고 설득하시다 안 되니 복도에서 기다리고 있던 나를 불러 도움을 청하셨다.

그리고 한숨을 쉬시며, "동생 같아 잘 치료해 주려 했는데…. 지금 얼마나 많은 환자들의 시간을 미뤄서 만든 귀한 시간인데요~!" 하시며 안타까워하셨다.

너무 죄송하고 민망하여 부글거리는 마음을 진정시키며 진료실로 들어갔다.

"인혜야. 치료받아야지~! 당장 음식도 맘대로 못 먹고 맘대로 웃지도 못하잖니? 마취하면 이후에는 하나도 안 아파! 응? 조금만 참으면 돼!" 아무리 말해도 요지부동, 입을 앙다

물고 고개만 저었다.

어떻게 지원받은 귀한 돈이며 시간인데 속이 터졌다.

"인혜야. 너 내 딸 한다며? 진짜 어쩌려고 그래?" 하도 애가 타서 인혜의 오른팔을 살짝 때렸는데 얼마 후 시설장과 몸싸움을 한 후 경찰서로 뛰어가 학대 신고를 한 인혜는 경찰에게 "대표님도 절 때렸어요." 하고 신고했다.

경찰관이 때린 사실이 있냐고 묻길래 치과 치료 중 있었던 일을 얘기하고 어깨를 살짝 때린 적 있다고 하니 웃으시며 "더 맞아야겠고만!" 하셨다.

학대 신고

서로 시기·질투하고 미워하기도 하며 또 더 사랑받기 위해 치열한 경쟁을 벌이다가도 아이들은 공동의 적, 선생님에게 맞설 일이 생기면 기가 막히게 연합했다.

두 번째로 입소한 효은이는 작지만 앙칼지고 대찬 아이였다. 오랜 엄마의 방임, 폭행, 괴롭힘에 길든 아이는 적대적이고도 호전적이어서 호리호리하나 누구에게도 쉽사리 물러서지 않는 깡이 있었다.

당연히 인혜는 나이로나 기세로나 밀려서 효은이에게 승복한 상황이었고 갈등이 유발되었을 때 총대를 메고 시설장을 도발하는 데 앞장서는 의리를 발휘한 것이었던 듯했다.

인혜가 욕설로 도발하고 시설장과 몸싸움을 벌이는 그 순간, 효은이는 지켜보며 깔깔대고 웃었다.

사소한 사건이었으나 경찰을 좋아하고 무한 신뢰 하는 인혜가 한달음에 달려가 신고하는 바람에 인혜는 즉각 분리되었다.

인혜의 신고로 썸머힐은 여차하면 행정처분을 통한 존폐의 위기에 처하게 되었고, 이 사실은 당시 입소해 살고 있던 아이들의 극심한 분노를 일으켰다.

한순간 어리석음으로 인하여 어렵게 얻은 치과치료의 기회조차 단숨에 날아가 버렸고, 인혜는 끝내 썸머힐로 다시 돌아올 때까지 상당 기간을 쉼터, 가출, 일시 보호시설 등 여러 곳을 전전하게 되었다.

무엇보다 안타까운 사실은 잠시 머무르던 쉼터에서 자신처럼 아픔을 겪은 친구를 만나게 되어 가출하며 이후의 길고 긴 방황의 단초를 얻게 되었다는 사실이다.

시설장에게 멱살을 잡히고 어깨를 몇 대 맞은 인혜는 한달음에 집 근처 파출소로 달려가 아동학대 신고를 했다. 신고하러 가면서 나에게 전화를 했으나 아이의 말을 충분히 듣고 달래고 할 정도의 여유나 경험이 내게 없었다. 다짜고짜 경찰에 신고하겠다고 방방거리길래 넌 어째 맨날 경찰 타령이냐고 했더니 바로 전화를 뚝 끊고 달려가 신고해 버린 거였다. 학대 신고는 무조건 즉각 분리가 원칙이라 인혜는 경찰에 의해 쉼터로 옮겨졌다. 파출소에 있을 때 설득하여 돌아오게 하려고 무진 애를 썼으나 아이는 기고만장하여 통화조차 거부했다.

이미 여러 시설을 전전한 아이는 어떻든 국가가 자신을 계속 돌봐줄 거란 믿음이 있는 듯했다.

재입소 후 가출하다

남은 아이들은 우리 집이 폐쇄될 수도 있단 말을 듣고 인혜에게 엄청난 분노를 쏟아냈다. 그리고 미숙함으로 아동학대 신고를 당한 시설장도 긴 보육 경력을 날리게 생겼으니 사색이 되어 내게 매달렸다. 어려도 한 인격체인 아이들을 바르게 대하지 못하고 물리력까지 행사하는 사람이 더 어린

아이들을 돌보는 일에 적합하지 않음을 알았지만 우리 집을 지키기 위해선 결과가 유죄여서는 안 되었다. 최고의 문장력을 발휘하여 탄원서를 써줄 수밖에 없었다.

결국 오랜 어린이집 경력밖에 없던 사람이 힘든 청소년들을 맡아 우발적 실수를 한 것으로 인정을 받아 기소유예 처분을 받았고, 우리 집도 다행히 가벼운 경고만 받고 무사할 수 있었다.

그해 겨울 찬비가 추적추적 내리던 날, 춘천의 한 쉼터에서 인혜를 찾는 전화를 받았다. 인혜가 쉼터에서 가출했다는 소식이었다.

날씨는 추운 데다 비까지 내리는 겨울밤이어서 이런 날씨에 여중생 둘이서 도대체 어디를 갔단 말인가 안타까워했는데, 아이는 얼마 후 홍대 근처 모텔에서 잡혀 아동 일시보호시설로 재입소했다.

인혜가 욕을 하고 도발을 했다손 치더라도 아이에게 물리력을 행사한 것은 열 번 판단해도 시설장의 잘못이라고 판단했기에 이번에도 인혜에게 너의 잘못이 아니니 다시 집으로 돌아와도 좋다고 메시지를 전했지만 인혜는 끝내 돌아오기를 거부했다.

사실 신고로 썸머힐을 위기에 빠뜨린 데 대해서 인혜는 엄청난 욕을 먹었는데 그 당시 썸머힐을 지키고 있던 효은이나 시아는 범상치 않은 깡다구와 카리스마를 장착했던 아이들이었으니 인혜로서는 다시 그 아이들을 대면할 배짱이 있을 리 만무했을 터. 어쩌면 당연한 결과였는데 나만 안타까워 좋아하는 마카롱을 사서 면담을 거부하는 인혜에게 전해 달라 부탁하고 돌아오기도 했다.

봄이 되었을 무렵, 경기 남부 쪽에 새로 오픈하는 아동시설에 인혜가 첫 입소자로 가게 되었다는 소식을 들었다. 첫 아이로 우리 집에 왔던 생각이 나면서 그곳에서 사랑받으며 잘 정착하길 기도했다. 하지만 아이는 일주일도 채 안 되어 다시 가출을 하여 이전 쉼터에서 함께 가출했던 아이와 함께 남양주 일시보호시설에 있다며 그제야 조심스럽게 다시 썸머힐로 돌아 올 수 있는지 물어왔다.

한달음에 달려가니 인혜는 춘천 쉼터에서 만난 그 친구를 함께 받아줄 것을 요청했다.

그 아이도 사연이 너무나 딱한 처지였지만 그것은 당장 내 능력으로 가능한 일이 아니었다. 하지만 그 당시 만약 지자체에 입소를 청하기라도 해보았다면, 그래서 혹여 받아들여졌다면 인혜의 미래는 어떻게 달라졌을까?

사실상 그 아이가 인혜를 가출과 원조교제로까지 이끈 사실을 알고 있었기에 어쩌면 마지막으로 다시 잘 살아볼 기회를 원했을 그 아이를 나는 냉정하게 외면해 버린 것인지도 모른다.

하지만 인혜를 다시 받아준다는 것만도 아이들의 엄청난 저항에 직면해서 인혜의 친구까지 입소를 고려하기에는 상황 자체가 불가능했다. 당시 센 언니들이 원체 거세게,

"아니, 집을 날려버릴 뻔한 앨 대체 왜 다시 오게 해요?"

하며 격렬히 반대하여 첨엔 달래고 설득하다가 종국에는 "나는 인혜 같은 아이를 키우려고 이 집을 만든 거야. 그러니 절이 정 싫으면 중이 떠나야지?"라는 강수까지 두었던 상황이었다.

인혜는 곧 재 입소했고, 첨엔 끔찍이 반대하며 싫어했던 아이들도 막상 직접 대면하니 차츰 인혜를 받아들여 주어서 썸머힐에 평화가 찾아왔는가 싶던 즈음, 그해 여름이 끝나갈 무렵 인혜는 다시 집을 나갔다. 나에게조차 한마디 말도 남기지 않은 채.

시설장으로부터 가출 소식을 듣고 아무리 전화를 해도 인혜는 내 전화조차 받질 않았다. 자발적 가출임을 거듭 확인

한 후, 그 이유를 다른 아이들을 통해 듣고는 믿어지지가 않았다. 쉽게 돈 벌어 즐기면서 살 수 있다는 유혹에 다시 가출을 감행했다는 사실에 진심으로 기가 막혔다.

아무리 철이 없어도 유분수지 내가 저를 어떻게 다시 들어오게 해주었는데!

'그래, 이젠 정말 끝이구나!' 체념하려고 애썼다.

"이젠 돌아와도 절대 받아주지 않을 거야!" 하고 내가 단호히 말했는데 이번에는 아이들이 믿지 않았다.

"에이~! 안 믿어요. 쌤은 돌아오면 백 퍼 또 받아줘요." 하면서.

그런데 아이들 말처럼 처음엔 화가 났지만 차츰 그 치아 상태로 어떻게 살아가려고 하나 하는 생각이 들며 다시 안타까운 생각이 들었다.

그리고 처음 우리 집에 와서 "지금이라도 제가 착하게 살면 천국 갈 수 있어요?" 묻던 그 모습이 영 지워지질 않았다.

돌아온 탕아

'이제 이 아이는 영영 돌아오지 않겠구나!'
체념해 갈 무렵, 한 달 조금 넘긴 시점에 인혜로부터 전화가 왔다.
"대표님. 저 돌아가면 받아주실 거예요? 죄송해요. 잘못했어요. 다신 가출하지 않을 거고, 저 핸드폰도 없어도 돼요. 제발 저 다시 받아주심 안 돼요?"
몹시 불안해하며 사정을 했다.
"그래. 알았어! 내가 근무하는 날 와!" 하고 전화를 끊었다.
며칠 후 인혜는 나갈 때완 달리 핸드폰도 없이 슬리퍼 차림으로 돌아왔다.
알고 보니, 친구에게 맞기도 하고 협박도 당하며 한 달여간 착취당하는 생활을 하다가 사력을 다해 도망쳐 나온 거였다. 쓰레기 버리러 간다고 나와 그 길로 죽어라 달아나 올 만큼 아이는 공포와 분노에 짓눌려 있었다.
입소하여 잘 지내던 인혜를 유혹해서 불러낸 그 아이는 이번에는 친구라는 탈을 벗어버리고 포주처럼 아이에게 빌린 화장품값이 백만 원이라며 계속 돈을 갈취하고 때리고 협박하며 집안일까지 시킨 모양이었다.

돌아온 이후 인혜는 분노와 우울증에 시달렸다. 자신이 무슨 일을 했는지는 함구하고 믿었던 친구의 행위에 대해 분노하며 신고해서 자신의 물건도 되찾아오고 싶어 했다.

우선 상담 후 우울증 약을 복용하도록 한 후 어느 정도 시일이 지나도 끝내 신고하고 싶어 하길래 함께 경찰서에 가서 신고를 할 수 있게 도왔다.

인혜는 조금씩 안정을 찾아갔고, 이번에는 순종하며 학교도 착실히 다녔다. 잦은 가출로 한 해 꿇어 중2로 다시 시작해야 했지만.

이듬해 중3이 되었을 때는 용인에 있는 국립 중앙 디딤센터라는 곳을 보냈다. 여러 정서적 문제를 가진 아이들을 도와주는 곳인데, 인혜는 가장 힘든 케이스로 뽑혀서 두 번째 단계까지 입소가 허락 되어 한 학기는 거의 용인에서 보냈다.

일종의 대안학교를 다닌 셈이었다.

인혜는 노력했지만 학습이 아주 더디고 정서상으로도 상당히 힘든 아이였다.

뭔가를 배우려면 기초부터 차근차근 배워야 하는데, 뭐든 건성으로 받아들이고 대충 뚝딱 해놓고 "나 잘했죠? 나 잘했죠?" 칭찬만 원했다.

게다가 꾸준함도 따라주질 않았다.

그럼에도 그때는 인혜가 경계성 장애(심리적 문제로 뇌의 처리 능력이 현저히 떨어져 지능은 낮지 않으나 처리능력상 문제가 있어 학습이나 발전이 아주 더딘 준 발달장애 수준)라는 검사결과지가 있었음에도 아이의 상태를 완전히 이해하기엔 나의 경험도 지식도 일천하였던 시기였기에 아이에 대한 나의 이해도도 높지 않았음을 이제야 안다.

인혜는 학교는 갔지만 일반교실에서 거의 적응하지 못했고 특수반 친구랑 더 잘 놀았으며 대부분의 시간을 교실을 벗어나 교무실에 있거나 상담실, 도서관을 전전하곤 했다.

가끔 일이 있어 학교에 가면 아이가 교실에 있지 않고 교무실, 상담실 등에 있는 걸 보게 되었는데, 그때만 해도 경계성 장애에 대한 인식이 낮아 아이를 위한 특별한 지도요청을 학교에 하지도 않고 제발 교실에 들어가라고 아이에게만 채근하던 시절이었다.

경험에 의하면 아이들은 열이면 열 학교에 다니고 싶어 하고, 뭔가를 배우고 싶어 했으며 친구들도 잘 사귀어 함께 놀고 싶어 했다.

그런데 막상 학교에 가면 공부는 못 따라가지, 관계 맺기도 힘들어하며 심지어 교실에 앉아 있는 자체도 힘들어하는 아이들이 많았다.

즉 아이들은 일부러 문제를 일으키는 것이 아니라 힘들어서 못 하는 것인데, 그것을 이해하고 어떻게 도울 것인가를 고민하지 않는 공교육은 유감스럽기 짝이 없었다.

지금까지 인혜를 포함하여 경계성 장애 유형인 아이가 여럿 있었는데 단 한 아이도 공교육에서 적응하거나 의미 있는 발전을 보인 예가 없었다.

눈에 보이는 장애를 가졌으면 차라리 특수반에라도 가서 수준에 맞는 도움을 받을 터인데, 겉보기에 멀쩡하니 전혀 이해받지 못하고 문제아 취급만 받아 안 그래도 자존감 낮고 불안감 높은 아이들이 학교에서조차 다시 불안을 경험하고 자존감은 더 바닥을 치게 만드는 결과가 되풀이되었다.

교실에 못 들어가면서도 인혜가 학교를 빠지지 않고 다녀 중학교라도 졸업할 수 있었던 것은 인혜의 강인함과 사교성이 한몫을 한 측면이 있다.

적어도 인혜는 언제나 진정으로 자신을 사랑해 줄 사람, 자신을 품어줄 따뜻한 가정을 찾는 일을 절대 포기하지 않았고, 스스로를 지나치게 연민하거나 자괴감에 빠질 만큼

유약하지도 않았다.

오히려 야생의 생명력이 넘쳐서 나름의 생존법으로 살아갔고, 어떻게든 세상에 맞설 자신이 있던 아이였다.

적어도 핸드폰이 주어지지 않았던 기간까지는 이렇게 교복을 입고 평범한 중학생으로서 출석일수를 채워 마침내 2022년 2월 인혜는 중학교 졸업을 앞두게 되었다.

1년을 넘는 기간 핸드폰을 해주지 않았는데, 폰만 가지면 SNS를 통해 단 한 번도 만난 적 없는 남친을 금세 만들고, 그다음부턴 끝도 없이 전화통을 붙들고 시도 때도 없이 상상할 수 없는 대화들을 쏟아내는 통에 가출에서 돌아온 몇 달 후 다시 핸드폰을 요구했지만 이번에는 절대 폰은 줄 수 없다고 아주 단호하게 대처했었다.

성인이 될 때까지 그 결심을 지속했어야 했는데, 졸업을 앞둔 아이가 기특했던 데다 애교로 요청하니 예뻐서 그만 졸업식 직전에 다시 스마트폰을 들려주었고, 그것이 인혜를 다시 잃게 만든 치명적 실수임을 그때는 알지 못했다.

경계성 장애 아이들은 얼핏 보면 문제가 없는 듯 보이지만 학습이나 성장발달만 어려운 것만이 아니라 언어적 이해에도 다소 문제가 있고 미래에 대한 개념도 상당히 희박하다.
 그래서 현재를 살 뿐 미래를 불안해하거나 준비하기보다 당장의 즐거움, 쾌락만을 추구하는 경향이 있는 듯했다.
 모든 경계성 장애가 학대로 인해 생기는지는 잘 모르겠다. 하지만 경계성 장애를 가진 아이들이 상당수 있는 건 사실이고, 그들에 대한 교육적 고민, 성인이 된 이후의 직업 선택이나 삶을 지원하는 문제 등에 대한 정책적 고민이 필요하다고 많은 아동 양육 관계자들은 입을 모은다.

영원히 떠나다

 인혜는 1년 늦은 나이에 어렵사리 중학교 졸업을 했지만 폰을 가지자마자 지역의 두 살이나 어린 남자 친구를 사귀면서 세 번째 가출을 시도했으며 이후 다시는 썸머힐로 돌아오지 않았다.
 믿기 힘든 사실이지만 아이는 자신의 무기(?)로 자유롭게 현재만을 살기 원했고 이번에는 더 어찌할 수가 없었다.
 그나마 다행이었던 것은 사망한 아버지의 국민연금 상속분과 도움을 청하는 내 글을 보고 흔쾌히 100만 원이라는 거금을 후원해 주신 귀인의 도움으로 이번에는 인혜의 치아를 거의 치료했다는 사실이었다.

치과 치료가 거의 마무리된 후 떠나서 그나마 다행이다 싶었다.

인혜는 왜 끝내 썸머힐을 떠났을까 뒤늦게 곰곰 생각해 보았을 때 대략 다음의 세 가지 요인이 떠올랐다.

첫 번째는 끊임없이 자신을 사랑해 줄 사람을 찾으려 했던 또 하나의 시도이지 않았을까 하는 것이고 두 번째는 효은이와 시아가 먼저 썸머힐을 떠나자 호랑이 없는 굴에서 여우가 왕 노릇을 하듯 자신이 센 언니 노릇을 하려다가 좌절당한 사건이 있었고, 세 번째는 아무래도 경계성 장애로 인한 인지적 문제가 아니었을까 싶다.

인혜는 만나는 사람들 중 자신에게 호의적이거나 자신이 좋아하는 사람들에게 끊임없이 금방 사랑을 표현하고 갈구했으며, 그들의 화목한 가정을 보면 늘 그 가족의 한 일원으로 온전히 받아들여지는 꿈을 버리지 않았다.

이것은 전형적인 애착장애에 해당되는 행동인데 청소년 나이에 입양이란 거의 불가능에 가까움을 아이는 잘 인지하지 못했으며, 적극적으로 자신을 온전히 받아줄 사랑을 찾으려 늘 애를 썼다.

인혜가 떠나기 전 해, 마침내 썸머힐에 입성한 자매 보나, 보미와의 관계에서 일어난 사건은 인혜가 선생님들이 안 계실 때면 어린 동생들에게 폭언을 하고 함부로 대했던 데에서 기인한 것이었다. 어느 날 보나가 좀 심각하게 "인혜 언니가 선생님들 안 보실 때는 보미한테 욕도 하고 막 윽박질러! 어떻게 해?"하고 물었다.

"글쎄? 보지 않을 때 한 행동에 대해서 네 말만 듣고 혼낸다고 걔가 그만둘까? 그런 일이 또 생기면 그 상황에서 네가 나서서 강하게 말해봐. 내 동생에게 함부로 하지 말라고." 하고 조언을 해주었다.

얼마 후 집에서 티브이를 함께 보다가 인혜가 동생들이 보는 채널을 제 맘대로 바꾸고 보미에게는 "꺼져. ××년아~" 하고 욕까지 하자 동생이라면 끔찍해서 거의 엄마 노릇을 하는 보나가 참지 못하고 인혜에게 무섭게 대든 사건이었다.

보나가 부들부들 떨면서 어찌나 사납게 대들었던지 실상은 정 많고 깡다구 없던 인혜는 별 대꾸도 못 하고 된통 당했던 모양이었고, 그 사실을 전해들은 나는 언니가 언니답지 못했으니 당한 일이라 여겨 언니에게 심하게 욕하고 대든 보나에게 사과할 것을 권하지 않았다. 그 일은 그냥 유야무야 지나갔고, 이후 누구도 보나에게 함부로 할 수 있는 아이는 썸머힐에 없었다. 인혜조차도!

나중에 생각해 보니, 언니로서의 권위를 못 지킨 인혜의 마음은 어땠을까 싶고 잘못한 행동에 대해선 반성과 재발 방지를 요구하되 보나의 지나쳤던 행동에 대해서는 사과를 받도록 해주었어야 하지 않았나 싶다.

어떤 이유로든 겨우 고1 어린 나이에 보호를 벗어나 세상에 맞서 산다는 것은 결코 쉬운 일이 아니기에 그것을 누차 강조하면서 돌아오라고 부탁했지만 인혜는 끝내 떠나기를 선택하였다. 나중에 간간이 아이들을 통해 고생하며 살아가는 인혜 소식을 전해 들을 때면 안타까웠지만 장기 가출로 이미 퇴소가 결정된 상황이었기에 더 이상 해줄 수 있는 게 없었다.

그러던 어느 날, 먼 남녘의 어느 도시에서 인혜를 데리고 있는 양어머니라며 한 통의 전화가 왔다. 인혜가 집을 떠난 이듬해였고, 이제 생일만 지나면 만 18세가 되는 시점이었다.

그분은 인혜에 대해 알고 싶어 했고, 불쌍히 여긴 자신의 아들이 받아들인 인혜를 함부로 내치기보단(책임질 일도 피하고

자 했겠고) 아이를 도울 방법을 찾는 쪽을 택한 보기 드문 분이었다.

그분과 얘기를 나누고 나서 나는 결국 세상에 의지할 곳이라곤 하나 없는 인혜에게 내가 해줄 수 있는 마지막 노력을 해보기로 결심했다. 아이가 자립할 수 있도록 도와서 남에게 나쁜 짓 하지 않고, 본인도 나쁜 일 당하지 않으면서 스스로 먹고살 준비를 할 시간을 더 주는 것이 옳다는 생각을 했다.

아직 스물이 채 되지 않은 어린아이인 데다 무엇보다 포기해도 되는 사람은 없다고 생각했다.

지자체 아동복지팀에 전화해서 의지가지없는 인혜에게는 꼭 국가적 지원이 좀 더 필요하지 않겠냐고 호소하였다. 다행히 위원회가 열리고 긍정적으로 검토가 되어서 인혜는 자립 지원을 받게끔 고마운 결정이 났다. 그리하여 일사천리 자립 지원교육도 받고 LH의 주거지원도 받아 인혜는 마침내 자신만의 집을 얻어 독립하였다.

그렇게나 독립하고 싶어 했던 인혜는 가끔 연락해 보면 아직도 힘겹게 살아가고 있다.

얼마 전에는 내게 "선생님! 사는 게 왜 이리 힘들어요? 나 힘들어!" 했다.

낮은 자존감과 경계성 장애로 배움도 힘들고, 알바에선 종종 그만 나올 것을 통보받는가 보았다. 지원이 지속되는 시간이 무한정 길지 않으므로 나는 종종 무엇이든 먹고살 기술을 익히라고 신신당부한다. 또한 절대 남에게 해를 끼치거나 상처 주지 말고 너를 여태 키워준 이 나라에 보답하는 사람이 되어야 한다고 얘기한다.

그러면 인혜는 알았다고 그리하겠노라 싹싹하게 대답한다.

천하에 까칠하고 네가지 없는 아이는 다른 사람들 전화는 안 받기도 하고 중간에 싹둑 끊어버리기도 하지만 내게는 달리 대한다.

그것만으로도 나는 할 일을 어느 정도 했다고 느낀다.

세상에서 단 한 사람이라도 자신이 믿을 수 있는 어른이 있다고 느끼게 되었다는 건 굉장히 큰 힘이 될 테니까.

언젠가는 인혜가 자신의 상처를 진주알로 품어내고 제 밥벌이하며 잘 살기만을 학수고대한다.

일곱 번씩 일흔일곱 번을 용서하라고 하셨던 하느님의 말씀처럼, 우리 모두가 살아가려고 애쓰는 자립 청년들에게 지치지 말고 손을 내밀어 우리 사회가 약자를 보듬어 함께 살아가는 따뜻한 공동체가 되길 나는 기도한다.

돌이켜 보면 혼자서는 아무것도 할 수 없었다. 언제나 귀한 도움의 손길들이 있었고, 그렇기에 인혜도 잘 살아갈 거라 믿는다.

우리라는 공동체 안에서!

2
감성 충만 효은이

질풍노도의 시기

인혜가 적극적으로 감정을 표현하고 자신이 얻고자 하는 바를 향해서는 물불을 가리지 않고 돌진하는 유형이라면 효은이는 가만히 관찰하며 뒤로 물러서서 간절히 자기를 알아봐 달라고 속으로만 외치는 아이였다.

효은이는 알코올 중독성 분노조절장애와 우울증을 앓던 엄마와 경미한 지적장애를 가진 아빠랑 살았는데 꽤 긴 시간 엄마로부터 학대를 당했다 했다. 중3 초에 엄마가 효은이의 온 얼굴을 할퀴어 놓았고, 아이는 죽겠다고 엄마가 먹는 수면제랑 우울증약을 한 움큼 집어 먹고 병원에서 깨어나

즉각 분리 조치 되었다.

효은이는 이후 일시보호소에서 수개월 생활하다가 장기 위탁이 필요하다는 결정으로 우리 집에 오게 되었다.

우울증이 있던 엄마는 요리를 거의 하지 않았고 그래서 늘 라면 아니면 배달 음식을 먹었다고 했는데 그래서인지 효은이는 식습관이 매우 좋지 않았고 장이 약했다.

두 다리가 눈에 띄게 앙상한 데다 변비도 있어 우선 질 좋은 유산균을 사다 먹이며 최대한 자연 건강 음식을 조리해 먹이려 애썼다.

효은이는 처음에는 새로운 곳에 왔으니 개과천선 학교에 가서 공부도 열심히 하며 잘 살아보겠노라 나름 맘을 굳게 먹었으나 얼마 가지는 못했다.

어느 날 담임 선생님에게서 전화가 왔다. 효은이가 며칠째 학교를 오지 않는데 무슨 일이냐고…. 아이들을 등교시키고 당시 어딘가를 다녔던 나는 번쩍 짚이는 바가 있어 부리나케 집으로 달려가 아이 방문을 열어보았다. 거기 효은이는 이층침대 제 자리에 세상 편하게 드러누워 신나게 핸드폰을 하고 있었다.

내가 매일 외출한다는 것을 안 아이는 학교에 가는 척 집을 나서 어딘가 숨어 있다가 외출하는 나를 확인하고는 곧장 집으로 귀가해 종일 폰을 하며 룰루랄라 놀았던 거였다.

어이가 없었다. 당시 폰 사용에 제한을 하지 않는 대신 학교 등교를 성실히 해야 한다는 규칙이 있었는데 그걸 어겼으니 핸드폰을 압수하겠다 했더니 효은이는 격렬하게 반항했다.

그럼 일단 학교에 가라고 하니 그것도 싫다고 했다.

학교조차 가지 않은 건 명백한 약속 위반 아니냐 하고, 당분간 폰을 제한하겠다며 재차 손을 내밀었는데 효은이가 사납게 내 손을 뿌리쳤다. 그 바람에 문손잡이에 가운뎃손가락 부위가 세게 부딪혀 눈물이 핑 돌 만큼 아팠고 한동안 정형외과를 다녀야 할 만큼 다쳤다.

지금 생각하면 그저 왜 그랬는지 물어보고, 데리고 나가 맛있는 것이나 먹이면 됐을 것을 그때만 해도 제대로 라포도 쌓지 못한 아이의 내면을 살피기보다는 드러난 행동에 대한 판단과 단죄를 먼저 하려다가 당한 사고였으니 누구도 원망할 수도 없는 나의 부족함의 결과였음을 아프게 고백한다.

당시 효은이는 자주 이생망이란 단어를 썼다. 자신의 부모를 만난 것을 원망하며 이번 생은 이미 망했다며 찰지게 "씨~~발!!"을 뱉어내며 깔깔 웃던 아이는 어쩌면 단지 외롭다고 힘들다고 온몸으로 외치던 시기였는데 그런 내면을 보기엔 내가 턱없이 부족했다.

엄마와의 기나긴 생존 싸움에서 단련되어 효은이는 전투력이 충만했다. 비록 마르고 자그마한 체구였으나 최강의 깡다구를 뽐냈던 효은이는 그 길로 나를 밀치고 뛰쳐나가 첫 가출을 감행했다. 아이는 며칠을 전화도 받지 않고 친구네서 지내다가 나의 설득에 마지못한 듯 귀가했으나 이후 가출은 심심찮게 반복되는 효은이의 반항과 외침의 방편으로 수차례 더 애용되었다.

사실 인혜의 최초의 가출도 효은이가 있어 가능했던 사건이었다. 당시의 고지식한 시설장과 트러블이 생기자 효은이는 의정부 아는 친구네 잘 곳을 만들어 놓고 즉시 인혜까지 데리고 집을 나갔다.

늦은 밤 두 아이가 집을 나갔다는 소식을 듣고 전화를 했더니, 새벽 2시가 가까운 시각에야 효은이가 전화를 받았다. 비도 내리던 그 밤에 재워주기로 한 친구가 언니의 반대로 안 된다고 했다면서 지금 어느 버스 정류장 의자에 앉아 있는데 인혜가 잠이 들었다는 것이었다.

어찌어찌 대략적 위치를 파악하여 아이들을 데리러 달려

가 전화를 하니 그새 경찰의 눈에 띠어 경찰서에서 보호받고 있다고 했다.

대한민국 경찰 만세~!!!

경찰서에 가서 사인을 하고 아이들을 인계받아 다시 썸머힐로 데려다 놓고 집으로 돌아오는 길…. 멀리 동녘 하늘이 부옇게 밝아오고 있었다.

얼마 후, 거의 자정이 가까운 시간에 효은이에게서 전화가 왔다.

오랜만에 서울 가서 예전 친구들을 만나 술을 먹었고 자신이 지금 좀 취해서 지하철을 탔는데 마석이 종점이라 한다고 어쩌냐고 했다.

"아이고 저런! 어쩌냐? 근데 난 지금 도저히 못 나갈 상황인데! 내려서 저번처럼 근처 경찰서로 물어서 가라. 거기서 밤 지내고 지하철 다니거든 집 가!" 하고 전화를 끊어버렸다.

효은이는 그날 무사히 귀가했고 다시는 그런 잔머린 굴리지 않았다.

거짓말도 잘하고 욕도 찰지게 잘하고 끊임없이 "왜 저한테만 그러세요?" 피해의식이 충만해서 늘 원망하고 비교하던 효은이는 그러나 한편으로는 감성이 풍부하고 색감도 뛰어났으며, 할머니와 가까운 데 살아서인지 종종 젓가락 장단에 뽕짝을 구성지게 뽑던 아주 매력적인 아이였다.

경계성 지능

이 글을 왜 써야 하는지 고민이 많았다.
 하지만 쓰면서 알게 된 것 하나가 영원할 것 같았던 많은 일들이 기억에서 사라져 가고 있다는 사실이었다. 그래서 그냥 기록 차원에서라도 적어두기로 했다.
 사실 기막힌 아이들 하나하나의 사연은 우리가 단지 흥미로 읽고 지나갈 소설이 아니므로 내가 왜 이것을 기록해야 하는가에 대한 회의가 와서 그 의미에 대한 깊은 고민을 하지 않을 수 없었다.

미혼모로부터 구출된 막내 지니의 이야기는 당연히 미혼모에 대한 우리 사회 전반의 인식 개선과 아기 탄생 후 양육에 대한 철저한 지원이 학대를 예방하고 귀중한 생명도 지킬 수 있음을 강조하고 싶었기 때문이다.

영화를 보면 서구에서는 딸이 사고를(?) 쳐서 임신을 해도 결국은 생명을 기쁘게 받아들이고 딸이 낳은 아이를 함께 키우며 거두어 주는 게 대부분의 정서인 데 반하여 우리나라는 이슬람문화에서 딸이 연애만 해도 가문의 수치라며 살해를 하는 정도에 버금가는 죄인 취급에 결국 태아라는 생명을 가차 없이 살해하는 생명경시 문화가 만연해 있지 않은가?

생명은 혼자서 만들 수 없고 시기야 어떻든 사랑의 결실임에도 혼전 임신을 하게 되면 여자는 죄인이 되고 남성은 늘 그럴 수도 있다는 관대한 대우를 해온 것은 우리 사회가 진정으로 양성평등 사회인지와 또 생명을 존중하는 선진사회인지에 대해 깊이 고민해 봐야 할 지점이 아닌가 한다.

첫 아이 인혜나 둘째 효은이는 둘 다 빈곤가정 출신이다. 인혜는 엄마의 부재로 인한 방임과 생활고에 시달린 아빠의 학대로 장시간 고통받았고, 효은이는 빈곤가정에서 알코올중독성 분노조절장애가 있는 엄마의 오랜 방임과 학대를 경험해야만 했다.

세상에 완벽한 부모란 존재하지 않겠지만 적어도 모든 아이들이 적절한 양육이 가능한 부모로부터 태어나지는 않는다는 것은 의심할 바 없는 슬픈 현실인 데다 대부분 핵가족화되어 있는 현대사회에서 한 아이도 빠짐없이 아이들이 안전하게 자라도록 우리 사회가 어떻게 감시하고 도울 수 있을지 함께 고민해 보자는 것이 나의 글쓰기의 이유가 아닐까 싶다.

이쯤에서 효은이 이야길 계속해 보려 한다.
효은이는 지속적으로 학교에 잘 적응하지는 못했으나 다니고자 하는 의지가 있었고 공부도 모든 사소한 이유들로 종종 중단되기는 하였으나 노력을 멈추지는 않았다. 그래서 어렵사리 중학교를 졸업하고 고등학교에 진학하였으나 고등학교 생활도 잘 적응하지는 못해서 수시로 지각, 또는 결석을 하곤 하다가 끝내는 자퇴를 선택하였다.
인혜나 효은이처럼 장기간 학대에 노출되었던 아이들은 오래 지속된 불안으로 인해 정서적 문제만이 아니라 뇌가 쪼그라들었다고 표현하는데 지능적으로도 상당한 손상을 입게 되는 듯했다.

이런 아이들을 후천적 경계성 지능이라 하는데, 겉으로 보기에 아이들은 생존에 영리하고 아무 문제가 없는 듯 느껴진다. 하지만 장기 학대로 인한 경계성 지능 판정을 받은 아이들은 지능은 정상이어도 학습이나 처리능력이 현저히 낮은 것으로 나타난다.

즉 경계성 지능을 가진 여러 아이들을 키우며 느낀 바로는 이 아이들은 정서상 집중이나 배움의 지속성에도 큰 어려움이 있을뿐더러 지능 면에서도 초등 저학년 수준 이상의 학습에서는 이해 면에서 큰 어려움을 겪는 것을 보았다.

아이들은 살아가면서 평생에 걸쳐 서서히 치유되고 지능 면에서도 어느 정도 회복이 일어나지 않을까 싶긴 하지만 문제는 이 아이들은 학교에서나 사회에서나 발달지연에 대한 이해를 받지 못하며 따라서 적합한 지원도 거의 이루어지지 않는다는 게 심각한 문제라고 느꼈다.

실제로 인혜 같은 경우 학교에서 정서적으로 특수반 아이들과 오히려 잘 어울리는 면이 있었고 일반 수업을 백 퍼 따라가지 못했고 학대 경험도 고지되었으나 아이의 특성을 고려한 어떠한 지원도 공교육에서 시행된 적이 없었다.

교실에서 힘겨워 밖을 배회하면 골치 아픈 문제아였을 뿐, 이 아이가 무엇이 힘든지 상담하고 돕는 지원은 충분치 못하였을 뿐만 아니라 그나마 다소 독서의 의지가 있던 아이가 교실에 있지 못하고 도서관에서 책을 읽고 있어도, 관리자에 따라서 무조건 교실에 있게 하라는 몰이해한 강제가 있었던 것이다.

우리의 교육이 변화되어야 함이 어찌 경계성 지능의 아이들만을 위함일까? 개성이 중시되고 모든 배움의 정보가 인터넷에 넘쳐나는 오늘날도 아이마다의 수준이 무시되고 오로지 진도에 따른 획일적인 일방적 수업만 계속하는 한 공교육은 효용성도 없고 끝내는 지속가능성을 담보하기 어려워지지 않을까 한다.

오직 아이들을 위해서, 나는 긴 시간 의미 없이 갇혀 스스로의 시간을 살아 있게 활용치 못하게 하는 공교육을 무조건 택하기보다 본인이 원할 시 진짜 원하는 것을 배우며 자신의 시간을 통제하는 법을 배울 수 있도록 자퇴도 기꺼이 수용하고 응원해 주었다. 왜냐하면 자신의 시간 활용에 대해 스스로 선택하고 결정할 수 있을 때 아이들의 자존감이 살아나리라 나는 확신하기 때문이었다.

모든 사람은 자신의 시간을 원하는 바대로 활용할 권리가 있으며 스스로 결정하는 삶을 살 수 있어야 한다. 우리 사회는 너무 오랫동안 사회성 습득이라는 말로 아이들을 억압하고 가두어 왔지만 이제 더 이상 그런 말로 설득하기엔 세상의 변화가 너무나 다이내믹하고 도도하지 않은가?

그저 모아놓는다고 사회성이 길러지는가?

억압과 강제야말로 사회성을 해치는 주범 중 하나이며 끊임없는 학교 내부의 폭력을 조장하는 비민주적 교육 행태임을 절절히 인식해야 할 때이다.

학생인권조례 폐지를 주장하는 이 퇴행적 시대에 진정한 인권 보장과 아이들 한 명 한 명의 개성을 존중하는 교육 및 사회적 패러다임 변화를 얘기하자니 한숨이 절로 나는 답답한 마음 금할 길이 없다.

사실상 교육현장에서만이 아니라 많은 가정에서부터 아이들에 대한 진정한 인권 존중이 부족하다고 본다. 부디 아이를 위한다는 명목하에 더 이상의 일상적 학대들이 일어나지 않기를 나는 바란다. 숙제를 안 했다고 공부를 안 한다고 영어 단어를 못 외웠다고 때리는 것이 학대가 아니라고 생각하는 부모들이 아직도 상당히 많은 것을 볼 수 있다.

밥을 강제로 떠먹이는 게 당연히 학대에 해당하듯 학습의 강요 또한 정서적 학대가 될 수 있음을 알아야 한다.

그런 의미에서 나는 "너를 위해서."란 말을 의심하며 경계한다.

그건 어떤 경우에는 '나를 위하여'를 포장한 이기적 가스라이팅에 지나지 않는 경우를 숱하게 보았고 겪었기 때문이다.

학대자의 심리

학대로 치달은 부모의 요구에 부응할 수 있는 아이는 없다. 부응하여 학대를 아이가 멈출 수는 절대로 없다. 학대는 부모의 정신적 문제이지 애초에 아이의 문제행동 따위에 원인이 있지 않기 때문이다. 따라서 한번 시작된 학대는 멈출 수 없이 폭주하는 기차와 같아 아이의 생존 자체를 위협하는 권력형 폭압이 되기 쉽다.

자신이 학대자인지 정상적 훈육형 부모인지는 아이의 문제행동에 대한 완전한 교정, 또는 아이에 대한 통제에 양육자가 얼마나 집착하는가를 보면 어느 정도 가름할 수 있다.

학대 양육자는 말한다.

아이가 이러저러한 문제가 있어 훈육했으나 도무지 말을 듣지 않아 더욱더 혼냈을 뿐이라고!

하지만 맨 처음 어린아이가 어떤 행동을 할 때, 옳은 행동인지 잘못된 행동인지를 인식하여 의도적으로 하는 경우란 거의 없지 않겠는가? 의도적으로 신발의 짝을 바꿔 신는다든가 제 자신의 의지로 대소변을 가리지 말아야지 하는 경우란 거의 없겠지만 미숙함을 인정해 주지 않고 불완전함을 도와주어야 할 것으로 인식함이 아니라 화를 내거나 물리적 체벌로 교정할 문제로 보는 것에서 대부분의 학대는 시작된다. 오히려 아이의 초기 문제행동 자체도 불완전한 양육자로 인해 야기된 불안, 사랑의 결핍 등이 주원인인 경우가 태반일 것이다.

그러나 미숙한 권력형 부모의 판단 중심에는 자신밖에 없다.

그러니 맘에 들지 않는 혹은 잘못된 아이의 행위만 보일 뿐 자신을 원인으로 성찰할 능력이 없으며 오직 아이를 이겨야 한다는 일종의 강박적 승부욕과 분노만 남아 자신의 요구대로 시행되지 않을 시 학대행위가 반복되고 점점 강화되어 가는 것이다.

내 관점에서 보면 인간이란 존재는 참으로 존귀하고 오묘해서 어쩌면 애초에 문제란 존재하지 않을지도 모른다. 만약 있다면 그 문제 자체를 없앨 수 있는 사람도 당사자 본인의 의지일 뿐 외부의 타이름, 훈육, 통제, 억압, 지시 등에 의해 교정되는 것은 아닌 것이다.

스스로의 성찰과 결정하에 진행되는 성장이 있을 뿐 어른에게는 없는 고쳐야 할 문제가 더 완전한 존재인(예수님은 우리가 어린아이와 같아야 천국에 들어갈 수 있다고 했다) 어린아이에게 처음부터 있었다고 보는 게 옳을까? 사실 모든 어른에게도 여전히 문제가 있지만 우리는 결단코 고쳐야 한다고 서로 간 강요하지는 않는다.

왜일까? 생각해 보면 우리가 나이를 초월하여 아이들을 인권적으로 존중하지 않는다는 사실을 알 수가 있는 것이다.

모든 양육과 교육이론에서 어린아이란 불완전하여 교정해야 할 존재이며 심지어 사악한 존재로까지 인식해 온 것은 어제오늘의 일이 아니다.

내가 생각하는 문제를 가진 너에게 "넌 문제아구나. 넌 이것, 저것에 문제가 있으니 고쳐!"라고 한다고 아이(사람)들의 문제는 고쳐지지 않는다. 애초에 그 문제는 누가 만든 것인지 누구에게 문제인지도 불분명하다. 다시 말하지만, 늘 '닭이 먼저인가? 달걀이 먼저인가?'의 문제도 있고.

문제를 문제라고 규정할 권리를 당사자에게 주는 것, 그것이 진정한 인권 존중인지도 모른다.

편식하는 아이, 공부를 하지 않는 아이, 심지어 도벽이 있는 아이조차 본인에게는 아무런 문제가 없을 수도 있다. 즉, 이런 경우에조차 이해와 사랑이 없는 훈육이나 타이름은 하등 잔소리에 지나지 않는 것이다.

인간이 존귀한 것은 신이 주신 자유의지를 누릴 때이다. 그러므로 편식이 심한 아이는 건강을 잃어볼 자유를, 공부를 하지 않는 아이는 가난하거나 몸이 고생하는 일을 감수할 자유를 주어야 할지도 모른다. 즉 폐해를 단호히 알려주되, 판단과 결정을 스스로 하게 할 때, 돌아가도 아이들은 살아난다.

사실은 세상을 살며 온전히 스스로 판단과 결정을 하며 사는 어른이들은 얼마나 되며, 우리 사회는 그것을 어느 정도 인정해 주는가? 이것이 인권 존중 사회의 척도가 아닐까 한다.

효은이는 중2 때 구출될 때까지 상당히 긴 시간 친모로부터 학대를 받았다.

우울증과 분노조절장애가 있는 엄마는 방임과 폭력을 반복하며 사사건건 아이의 의지를 꺾으려고 위력을 행사했던 것 같다. 폰에 대한 과도한 간섭, 아이의 시간, 취향 등에 대한 지나친 통제 등은 전형적인 학대자의 집착유형 중 하나이다.

긴 학대로 인해 효은이는 경계성 장애 판정을 받았고, 어른들을 극도로 불신했으며, 자기 부정과 심한 무기력감에 시달렸다.

초기에 학교를 가거나, 외출하려 할 때 시간을 맞추는 것은 거의 불가능에 가까웠다.

아주 느릿~ 느릿~ 씻고 필히 화장을 정성 들여 한 다음 보통 1교시, 2교시가 넘어 등교한다고 집을 나서기 일쑤라 아이가 나가고 나면 나는

"아이고~! 지가 먹고 대학생이여?" 하고 혀를 찼지만 사실은 학교를 가주는 것만도 애틋하고 고마운 마음이었다.

가족이 모두 외출을 하려고 시간을 제아무리 미리 얘기해 준들 효은이는 절대 서두르는 법이 없었다. 말 그대로 '배 째라'여서 한동안 그러려니 하고 기다려 주고 또 기다려 주었다.

그러던 어느 날, 외부에서 아이들에게 식사하러 나갈 거니까 준비를 하라고, 이번에는 사정이 있으니 꼭 시간을 맞춰야 한다고 미리 전화해서 두 번 세 번 신신당부한 적이 있었다.

집에 당도해서 보니 다른 아이들은 다 준비되었는데 효은이는 역시나 기대를 저버리지 않고 계속 누워 있다가 내가

도착할 시간이 되니 그제야 부스스 일어나 씻기 시작했다고 했다.

그날은 조금 화가 나서 효은이에게 너는 미리 준비하라는 말을 듣지 못했냐고 야단을 쳤더니, 다른 아이가 방문을 열고 두 번이나 분명히 전했다는데도 효은이는 못 들었다고 바득바득 우기며 울었다.

"못 들었다고~~! 진짜 못 들었는데~~"

하며 두 다리 쭉 뻗고 엉엉 우는 중3짜리 딸아이 앞에 앉아서 한참을 물끄러미 보다가 말했다.

"그래 알았어. 못 들었나 보지. 네 말 믿어. 그만 울어. 그만 울고 뼈다귀해장국이나 먹으러 가자." 했더니 닭똥 같은 눈물을 흘리며 그리 구슬피 울던 애가 고개를 주억거리며 배시시 웃었다.

결국 원래 계획은 다 틀어지고 효은이가 즐겨 먹는 해장국을 먹으러 갔던 것인데 음식을 기다리고 있던 시간, 효은이가 폰으로 제 얼굴을 가리고 자그마한 소리로 나를 불렀다.

"선생님~~!"

"왜?" 하니 "죄송해요…!" 했다.

처음 한 사과였다.

그게 얼마나 어려운 건지 알기에 기특해서 웃음이 났다. 알았다고 괜찮다고 "밥이나 마이 묵어라."해주었다. 그날 이후 효은이는 조금씩 시간을 지키려 노력하기 시작했다. 사실상 시간을 말해주고 한두 번은 "차에서 10분~! 안 나오면 출발한다~" 여유를 주었고, 가끔은 나오는 애들만 데리고 휘리릭 출발해 버리기도 했다.

한번은 다녀오니 효은이가 "죄송해요~"하길래, "아니 괜찮아. 기다리지도 않았으니까. 담부터 너도 가고 싶으면 좀만 서둘러. 온 가족을 기다리게 하는 것은 좀 아니지 않니?" 해주었고, 서서히 효은이는 시간을 맞출 수 있게 되어갔다.

악연, 그 운명적 만남

효은이가 고1 때 새로운 친구가 입소했다.

동갑내기였던 현지는 아담한 몸매에 귀염성 있는 외모의 아이였는데 노래도 제법 잘하고 운동도 잘했다. 그리고 초등 저학년 수준에서 크게 발전을 못 하고 있던 인혜나 효은이보다는 학습 수준도 중등 수준은 되는 아이였다.

그러나 현지는 부모의 이혼과 그 후 정붙여 키워주시던 외

할머니가 돌아가신 후 와일드한 친모와의 갈등이 극심해져 집을 떠나게 되었다. 현지는 강박 증세가 있었고 어른이 하는 지시를 잘 듣지 않았다.

현지와 효은이는 동년배라 곧 친해졌다. 학교가 같다고 신나 하며 함께 다녔는데, 늘 거친 행동이나 거친 말을 무서워하고 아파하던 현지는 깡다구 있고 센 척(?)하는 효은이를 잘 따랐고 친해지고 싶어 했다.

한동안 둘이 같이 학교도 잘 가고 해서 잘됐다 했는데, 어느 날 드라이기 소리가 나서 흘낏 보니 현지가 효은이의 머리를 말려주고 있었다.

'동갑내기인데 머리를 말려준다고??' 뭔지 모를 싸한 느낌이 있어 "지금 뭐 하는 거니?" 물으니 효은이 왈, 어떤 게임을 했는데 지는 사람이 이긴 사람이 원하는 것을 다 들어주기로 했다나?

친구는 노예가 아니고 부탁이 아닌 다 들어주기 같은 게임은 공정치 못하니 그런 건 허락되지 않는다고 단호히 말해주었다.

그런 얼마 후 현지가 효은이를 무서워하며 효은이가 나타나면 긴장해서 밥도 못 먹을 만큼 손을 덜덜 떤다는 말이 들렸다.

현지를 불러 확인을 하니 학교를 가다가 현지가 들고 가던 파일 등 과제물을 흘렸고 허둥지둥 그걸 줍고 있는 현지에게 효은이가 "빨리 해라~! 어째 하는 짓마다 병신 같냐? 확 대갈빡을 부숴버릴까 보다." 하는 식으로 욕하고 윽박지르기를 여러 차례 했다고 했다.

효은이의 행동은 언어폭력으로 절대 해서는 안 되는 일이었기에 불러서 왜 그랬는지 일단 물어보았다. 하지만 효은이는 자신의 잘못을 쉽게 인식하지도 인정도 못했다.

"저도 힘들었거든요? 선생님은 왜 저한테만 그래요?"

하며 뚝뚝 눈물을 떨구었다.

"제가 고쳐주려고 그랬죠~. 그렇게 병신같이 굴면 절대 친구 못 사귀어요!"라고 하길래, 어쨌든 현지의 불안을 누그러뜨려 주어야 같이 살 수 있으니 네가 사과하고 다시는 그러지 않겠다 말해주라 해도

"제가 뭘 잘못했는데요? 왜 저한테만 사과하라 해요?" 하며 끝내 사과하길 거부했다.

충분한 이해나 사랑을 받지 못한 사람, 즉 자존감이 낮은 사람은 자신의 잘못을 쉽게 인정하지 못한다. 그리고 어느

정도 알아도 사과를 하지 않는다. 아니 못한다.
 할 수가 없다. 왜냐하면 자존감이 낮아서 없는 자존심이라도 세우려 하기에 그렇다.
 그도 살려고 하는 행동인 것이다.
 그것만이라도 해야 사는 줄 알기에 절대 사과하지 않았으리라.

 인혜도 사과를 못 해서 친구들과의 관계에서 어려움을 겪곤 했는데, 초기엔 이런 아이들의 특성을 완전하게 이해하지 못해서 아이의 말을 그저 수용해 주기보다 잘못을 인정하게 하고 내가 옳다고 생각하는 행동을 지시하기에 급급했다.
 설사 아이의 행동이 옳지 않았다 해도 그 의도는 수용해 주고, 의도가 좋았다 하더라도 그런 행동이 상대방에게 얼마나 상처를 주게 되는지 이해시키려 더 노력하고 기다려 주어야 하지 않았을까 나중에 일이 커진 후에야 후회를 했다.
 그 당시는 일단 현지가 효은이만 보여도 불안해하고 지나치게 긴장하니 그것을 좀 완화시키기 위해서라도 다시 그러지 않겠다 안심시켜 주라고 거듭 얘기했지만 그럴 때마다 효은이는 눈물을 보이며 자신만 미워한다며 되레 나를 원망하였다.

그러던 어느 날, 효은이와 현지는 사소한 일로 말싸움을 하다가 둘이 머리끄덩이를 잡게 되었는데, 현지가 이번에는 끝까지 손을 먼저 놓지 않았다고 했다.

효은이 일로 힘들어하는 현지와 상담을 하다가
"현지야! 너는 네 생각보다 강한 아이야. 넌 달리기도 잘하고 배드민턴도 잘 치고 그렇지 않아? 스스로를 너무 약하다 생각하지 않으면 덜 상처받지 않을까?"라고 했었는데 아마도 그래서였을까?

선생님이 말려도 끄떡도 없이 10여 분 넘게 머리채를 잡고 힘겨루기를 하다가 현지가 끝끝내 손을 풀지 않자 효은이가 먼저 손을 놓았다 했다.

그러나 효은이가 어떤 아이인가?

오랜 시간 폭력적인 엄마에게서 단련되어 깡다구만 남은 아이인지라 자기가 먼저 손을 놓고 기세에 밀린다는 건 효은이로선 절대 받아들일 수 없는 일이지 않았을까?

효은인 바로 주방으로 내달려 부엌칼을 뽑아 들고 현지에게로 달려들었다. 어쨌거나 위협해서 항복을 받아내고 이겨야 한다는 생각에 앞뒤 없이 한 행동이었고, 그 결과가 얼마나 엄중한지 따위는 생각도 못 했을 거였다.

현지는 도망가고 효은이는 쫓아가고 베란다로 나가 문을

못 열게 피신해 있는 현지를 도우려다 선생님도 다칠 뻔했다고 했다. 효은이가 끝내 포기하지 않고 문을 열려고 하니 현지는 창문을 열고 밖으로 도망 나갔고, 내게 전화해서 지시를 받은 선생님이 신고를 해서 출동한 경찰에 의해 효은이는 즉각 분리 되고 말았다.

결국 퇴소하다

즉각 분리된 효은이는 경찰서로 갔다가 바로 단기 쉼터로 이송되었다.
흉기를 들었다는 얘기에 사실 단기 쉼터에서조차 아이를 오래 맡으려고 들지 않았다. 단기 쉼터에 있을 때 나는 안타깝고 애가 타서 효은이를 만나러 갔다.
가서 나눈 이야기의 핵심은 우발적으로 그런 행동을 했지만 나는 너의 선함을 믿는다는 얘기와 내가 그 아이를 얼마나 아끼고 예뻐했었는지를 거듭 얘기해 주었던 기억이 난다.
효은이는 다시 돌아오고 싶어 했지만 사실상 불가능한 현실이 되어버렸고, 현지의 부모님께서 실상을 알고 혹여 법적 문제를 일으키실까 염려도 했었지만 그런 일은 일어나지 않았다.

단기 쉼터에서도 아이를 오래 데리고 있어 줄 수 없다고 난색을 표하여 결국 여러 군데 수소문하다가 입소할 장기양육시설을 찾지 못하고 ○○시에 있는 중장기 쉼터로 이동하게 되었다.

사실상 모든 쉼터가 그러하듯 쉼터는 아이들의 집은 아니다. 가정과 같은 역할보다는 일시적인 보호라는 관점에서 아이들을 수용하는 곳으로 정해진 일과에 따른 내부 프로그램이 진행되고 병원을 간다든가 외부로의 일정이 있을 시엔 필히 교사와 동행해야만 되었다. 게다가 핸드폰 등 모든 일상에 규제가 엄격하므로 썸머힐에서 상당히 자유롭게 존중받고 살았던 효은이로서는 견디기가 힘들었던 듯했다.
쉼터에서나마 검정고시 공부를 하고 자격증도 따면서 1년 남짓만 버티면 자립 지원을 받을 수 있게 알아봐 주겠노라 누누이 타일렀건만, 효은이는 일언반구 내게 의논도 없이 원가정으로 돌아가는 결정을 내렸다.
내가 알기로 본가로 돌아간 첫 번째 이유는 핸드폰이다. 그리고 자유!
나는 그 마음을 이해는 할 수 있었으나 몹시 안타까웠다.

아이는 이미 꽤나 자랐으므로 본가로 돌아가서도 예전과 같은 일방적 학대는 일어나지 않는 듯했다. 효은이는 늦게 다시 졸업장을 위한 고등학교에 재입학을 하였고, 2년 늦었지만 곧 졸업을 앞두고 있다.

아르바이트도 하며 잘 지내고 있으며, 간호조무사 자격증을 딸 거라고 명랑하게 얘기하는 효은이가 나는 안쓰럽다. 데리고 있던 아이들은 만 18세 이상이 되어 자립을 하게 되면 어찌 됐든 주거지원과 5년 정도 생활보조 지원금 및 학업을 계속하면 생계비 지원도 받을 수가 있는데, 효은이는 빈곤한 원가정에서 독립하려 할 때 재정적으로 쉽지만은 않을 것이다.

자립 지원은 성인이 되기 전 최소 1년 이상의 장기 양육 시설 거주라는 요건이 충족되어야 하므로 효은이의 겁 없고 어리석었던 행동의 대가는 너무나 컸던 것이다.

그것을 생각할 수 있을 정도의 이해력이나 참을성도 부족한 천방지축 십 대였으니 그저 안타까울 따름이었다.

3
영재 소녀 지니

조우

 5년 전 다섯 살 막내를 데리러 갔을 때 아동보호전문기관 사무실의 어느 책상 옆에 오도카니 서서 나를 유심히 살피듯 바라보던 작은 아이의 모습이 떠오른다. 생각해 보면 낯선 곳으로의 출발을 앞두고 아이는 자신의 운명을 맡길 사람이 과연 누구인지 얼마나 궁금하고 긴장된 순간이었을지 이해가 되면서 그 눈빛이 안쓰럽게 다가온다.
 둥그스름 짧은 머리에 다소 가무잡잡한 피부의 귀여운 아이.
 불안할 때는 가슴이 답답하다고 하다가 "숨이 막혀요." 하곤 하던 아이 지니는 갇힌 방에서 홀로 오랜 시간을 견뎌야만 했던 학대로 인한 공포의 기억이 있었다.

네 살에 학대에서 구출되어 치유 쉼터에서 1년을 있다가 끝내 양육포기 상황이 되어 장기 양육기관을 찾아 우리 집에 오게 된 것인데, 지니는 다섯 살답지 않은 예의바른 말투에 밥을 주면 투정 한번 없이 스스로 뚝딱 먹고 "여기 잠깐만 앉아 있어~!" 하면 정말 그 자리에 가만히 앉아 기다리는 너무 착하고 반듯하나 아이다움은 없어 좀 귀엽지가 않은 그런 모습이었다.

사실 모든 아이들이 처음 썸머힐에 오게 되면 예쁘게 보이려고 잘 살아보겠다고 두세 달쯤 엄청 포장된 모습을 보이기도 한다.
막내가 그 어린 나이에도 똑같이 살기 위해서 그런 모습을 보였던 걸까? 치유 쉼터라면서 아이를 괴물을 만들어 놓았다고 분노했었는데 혹시 그랬을지도 모른다는 생각에 이르면 너무나 마음 아프다.
안으면 착 몸에 감기지 않아 살포시 머리를 내 어깨에 눌러주어야 했던 아이 지니!

중학생 이상 큰 언니들밖에 없는 집에서 너무 치이지 않겠냐는 우려의 목소리를 단호히 뒤로하고 나는 가슴 설레며 막내를 데리러 달려갔다. 언니들에게나 막내에게나 외려 도움 되는 면이 분명 있을 것이라 나는 믿었다.

그리고 나의 믿음대로 나름 센 언니들 속에서도 막내는 아주 지혜롭게 잘 살았고, 예쁘게 자라서 사랑받는 막내의 자리를 공고히 하며 올해 열 살이 되었다.

새로운 막내의 등장

그런데 이제 드디어 막내의 자리를 내놓아야 할 시점이 되었으니, 그저께 일곱 살짜리 동생이 새로운 가족으로 '짠' 하고 등장한 것이다.

사실 사전에 소식만 접했을 때도 지니의 반응은 그리 호의적이지 않았다. 일곱 살이면 같이 놀기는 어리고 막내로서 자신의 지위와 사랑을 앗아갈 위험만 다분한 게 아닌가 싶어 전혀 탐탁지가 않았던 것이었으리라.

드디어 막내의 자리를 빼앗긴(?) 지니는 이제 최초로 언니 노릇을 시작했다. 때로는 자신의 사랑을 빼앗길까 샘도 내지만, 역시 지니는 언니 노릇도 제법이다.

초등학교 3학년이 되어 처음으로 생긴 책상과 책꽂이도 어느 정도 자리를 양보해 주었고 새로 막내에 등극한 서이가 징징거릴 때마다

"서이야. 네 맘대로 모든 게 되지 않는다고 그렇게 징징거리면 안 돼~"서이가 밥을 먹을 때면

"서이야. 그렇게 쩝쩝거리며 소리 내면 안 돼~"하고 자꾸 타이르는데 그 모습이 귀여워 저절로 미소가 지어진다.

사실 지니는 언니들에게서 그런 부드러운 타이름을 거의 듣지 못했다.

지니가 온 초기에는 언니들에게서 생긴 게 이상하다, 못생겼다, 눈썹이 송충이 같다는 등 언어폭력을 잠시간 당했다. 한참 어린 동생에게도 질투하는 언니들 맘을 이해 못 할 바 아니었지만 정도가 한참 심했다.

그만하라고 아무리 말해도 북한을 막아주는 중2, 중3 한창 사춘기인 언니들이 그만둘 의사는 전혀 없어 보여서 참다 참다 어느 날 단호하게

"누구든 한 번만 더 지니에게 나쁜 말 해봐. 내가 경찰에 학대로 신고해 줄 거야. 언어폭력으로! 그럼 다른 곳으로 즉

시 가게 될 거야." 했더니 다시는 그런 일이 없었다.

그 무렵 어린이집에서 지니가 친구들에게 "난 네가 죽어 버렸음 좋겠어!"라는 말을 해서 그 말을 전해들은 엄마들이 항의하고 난리가 났다.

어린이집 선생님께서 "지니야. 그런 말은 아주 나쁜 말이야~! 그런 말을 친구한테 하면 안 돼!"라고 했더니, "그럼 우리 엄마는 저한테 왜 그랬어요?" 하더라는 말을 전해 듣고 얼마나 가슴이 아팠는지 모른다.

혼이 나면 눈물 흘리는 걸 보여주기 싫어 혼자 멀리 가서 한참을 걸어 다니며 눈물을 말리던 자존심 강한 아이 지니.

미술을 너무나 좋아하고, 단 한 번도 언니들에 대해 불평이나 고자질하는 법이 없었던 아이.

그런 지니가 한번은 같이 목욕하다가, "선생님, 제가 냉장고에 초콜릿을 넣어놨는데~ 없어졌어요. 누가 가져갔을까요?" 했다.

"글쎄~?? 누굴까?" 했더니 "그러니까~ 선생님은 누군 거 같아요?" 하고 재차 묻길래, 당시 규칙을 전혀 지키지 않던 ○○ 언니 아닐까 하니 자신도 그런 것 같다고 했다.

"지니야. 그럼 ○○ 언니에게 물어보지 그랬어? 언니! 내

초콜릿 혹시 먹었어? 하고 물어보고 항의해야지." 하니 똘똘한 지니가 그랬다.

"아니에요. 전 그럼 안 돼요."

"왜?"

"전 아직 힘이 없잖아요!"

요즘 동생이 말을 안 듣는다며 자기를 무시한다고 속상해 하는 지니. 그러면서도 언니들처럼 나쁜 말을 하거나 윽박지르거나 하지 않고 타이르며 언니로서 행동하는 지니가 얼마나 이쁜지 모른다.

지니야! 첨으로 동생이 이랬어요, 저랬어요, 일러도 주고 때로는 동생과 아웅다웅거리기도 하지만 드디어 네게도 언니 역할을 할 수 있는 동생이 생긴 걸 진심으로 축하해!

넌 멋진 언니가 될 거라고 나는 백 퍼 믿는다. 홧팅~!^^

미혼모(한 부모) 양육지원과 영유아 학대예방 대책이 시급하다

5년이란 긴 시간 동안 막내였다가 드디어 그 자리를 빼앗

긴 지니 이야기를 조금 더 하려 한다.

지니는 학대로 인해 신고되고 구출되기 전 엄마랑 단둘이 살았다.

지니는 엄마랑 함께 살던 단칸방에 혼자서 긴 시간 갇혀 있곤 했다는데 방 안에는 화장실도 없어서 아이 옆에는 용변을 보라고 세숫대야가 놓여 있었다고 했다.

아이의 오래도록 우는 소리에 아동학대 신고가 접수되었고, 지니가 구출된 그날 경찰의 전화를 받은 엄마는 아이와 함께 있다고 거짓말을 했다고 한다.

사실은 그날도 지니는 오랜 시간 홀로 갇혀서 울고 또 울다가 구출된 것이었다. 만약 그날도 누군가가 신고하지 않았더라면, 혹은 엄마의 말만 믿고 경찰이 출동하지 않아 더 오래 지니가 구출되지 않았더라면 무슨 일이 발생했을지 상상도 하고 싶지 않다.

하지만 지니의 이야기는 사실상 내가 하지 않으면 아무도 모를 것이 자명하다.

왜냐하면 지니는 다행히 구출되어 보호받으며 예쁘게 크고 있으니까. 즉 방송에 나오거나 잠시라도 사람들의 관심을 끌 사건이 되지 않았으니 말이다.

지니는 어릴 때 방문을 꼭 닫지 못하게 했고 절대로 방에 혼자 있으려고 하지 않았다. 지금은 긴 시간 책도 보고 혼자 놀기도 하며, 사춘기가 가까워 그런지 자꾸 방문을 닫아서 문제지만.

지니가 아주 예쁜 소녀로 자라나고 있는 것을 보면 너무 기쁘고 안심이 되면서도 나는 혹여 아직도 또 다른 지니가 어딘가에서 고통 받고 있지 않을까 몹시 두렵다.

지니의 엄마는 자신의 딸에게 "난 네가 죽어버렸음 좋겠어!"라는 말을 내뱉기도 하고, 방안에 긴 시간 아이를 가두어 두었다. 이런 지니의 엄마는 악마일까?

자신의 자녀를 학대하고 심지어 가끔 죽음에까지 이르게 하는 사건들을 보고 사람들은 학대를 행하는 사람들은 아마도 우리와 아주 다른 부류이거나, 머리에 뿔이라도 달린 괴물처럼 생각하는 듯하다.

더러 악인도 있겠으나 아마도 대부분은 그렇지 않을 거라고 생각한다.

그보다 차라리 본디 인간이 약하고 부족한 이기적인 존재라는 사실을 학대가 발생하는 합리적 원인으로 보는 편이 맞지 않을까 싶다. 그리고 극심한 빈곤이나 부부 불화 및 이혼, 양육자의 정서적 불안정 등은 아이가 위험한 환경에 노출될 확률이 높아지는 요인이 된다.

많은 아동학대자들이 불안, 무기력, 우울증이나 알코올 중독 등 치료를 요하는 심리상태에 있는 경우가 많은데 부모 중 한쪽만 건강하지 않아도 아이는 위험에 처해지기 쉽다.

그러므로, 아이가 태어나면 특히 집 안에서만 양육되기 쉽고 스스로 표현을 할 수 없는 영아기(만 24개월)에는 선진국처럼 주기적인 간호사나 복지사의 가정방문이 꼭 필요하다. 주기적 방문을 통하여 아이의 건강 상태 및 학대 여부를 확인하는 것과 더 나아가 양육의 도움이 꼭 필요시 지속적 상담과 교육 및 양육도우미의 제공 등을 법제화하는 것은 영유아 학대를 예방하고 아이들을 구하기 위한 시급하고도 절대적인 과제이다. 그 후에는 어린이집, 학교 등에서 아이의 존재 및 안전을 확인하도록 할 수 있을 것이다.

인구절벽이 심각한 우리나라에서 단 한 명의 아이도 소중한 이때, 미혼모(한 부모)가 혼자서도 아이를 잘 키울 수 있도록 안정된 주거와 재정적 지원 및 양육지원이 되고 있는지, 가족이 빈곤, 이혼 등으로 붕괴되어 아이 양육이 버거워질 때 쉽게 도움을 청할 기관이 있는지? 있다면 홍보가 잘되고 있는지 확인해 보아야 할 것이다.

양육자의 삶이 흔들리거나 무너질 때 누구나 쉽게 도움의 손길을 청할 수 있어야 하고, 동시에 모든 아이들은 반드시 추적되고 공공의 영역에서 모니터링되며 보호받아야 한다. 그들은 절대적 약자이기에.

한동안 매스컴은 사라진 아이들을 찾는다고 시끄러웠다. 지금 그 아이들은 다 찾았을까?
정인이 사건처럼 끔찍한 사건이 나면 사람들은 경악하고 아우성치고 잠시 온 나라가 들끓는다.
그토록 어린아이를 학대하다니 도대체가 어떻게 생겨 먹은 인간이냐고, 아이들을 더 철저히 보호해야 한다고 너도 나도 목소리들을 높인다.
하지만 아동학대는 계속 사라지지 않는다. 왜일까?
그 답이 넬슨 만델라가 한 말에 있지 않을까 생각해 본다.
"억압하는 사람도 억압받는 사람만큼이나 해방되어야 한다. 즉 모든 가해자는 마찬가지로 피해자이다."
즉 아동학대자도 학대피해자만큼이나 사전에 치료·예방 되었어야 하고 사후에라도 제대로 치료와 도움을 받을 수 있도록 해야 한다는 것이다.
보다 건강한 우리 사회를 위해서는!

이들이 사전에 모니터링되고 치료될 수 있다면 아동학대는 자연적으로 많이 예방되지 않겠는가? 그러므로, 아동학대의 예방은 국민의 복지와 정신 건강에 대해 얼마만큼 국가가 책임 있는 정책을 펼치는가와 우리 사회가 경쟁 만능주의, 극단적 개인주의에서 벗어나 얼마나 공동체성을 회복하는가가 중요한 열쇠가 아닐까 한다.

정인이 사건 이후에 지자체에서는 처음으로 아동의 양육을 체계적으로 관리 감독하는 담당 주무관을 두어 분기별로 공무원이 직접 아이들을 만나 면담을 하며 양육을 점검하는 제도가 생겼다. 나는 이 시행에 대해 쌍수를 들고 환영했다. 이전에 오직 서류로만 보고 판단하던 것에서 한발 나아가 양육시설의 주인인 아이들을 직접 만나고 모니터링하는 것은 분명 혹시 있을 2차 학대를 예방하고 아이들을 보호할 수 있는 꼭 필요한 정책이라고 보았다.

그렇다면 거꾸로 묻고 싶다. 학대는 누구에 의해 주로 자행되는가? 70퍼센트가 훨씬 넘는 비율로 친부모에 의해서이다. 그럼에도 아동학대 예방 양육점검은 왜 양육시설에만 필요한 제도인 것인지 의문을 가져볼 만하지 않은가?

특히 어린 24개월 이하 영유아기에는 더 말할 필요도 없지 않은가!

개성? 성장통?

지니는 4학년이다.

다섯 살에 내게로 와서 만 5년을 넘게 키웠으나 요즘 가끔 조숙한 사춘기 특징을 보이는 지니는 다소 낯설어지기도 한다.

작년에 지니는 1년 가까이 성당에 다니면서 교리를 받고, 크리스마스에 '도로테아'라는 어여쁜 세례명으로 다시 태어났다.

왜 성당에 가야 하느냐, 미사가 재미가 없다는 둥 초반에 거부하기도 했었지만 "지니야. 내 말 잘 들어봐~! 네가 정 싫으면 성당 안 다녀도 괜찮아. 하지만 나는 지니가 조금 더 넓은 세상에서 더 많은 친구들을 접했으면 하는 생각이 있고, 또 더 중요한 이유는 내가 나중에 네 곁에 없을 때 네가 정말 힘들고 외롭다고 느낄 때 기도할 수 있는 사람이 되면 좋을 거 같아서…. 그래서 네가 성당에 다니길 원했던 거야!! 사람은 누구나 죽기도 하고 만나고 헤어지지만 예수님은 영원히 지니의 친구가 되어줄 테니까!" 하고 찬찬히 설명했더니 이후론 큰 저항 없이 다녔던 성당이었다.

물론 교리과제나 기도문을 외울 때는 최선을 다하지도 않고선 자기는 다 못했으니 분명히 세례를 못 받을 거라며 징징거리거나 지레 포기하는 모습을 보여 속이 터지게도 했었다.

여튼 우여곡절 끝에 지니는 하얀 면사포에 흰 드레스를 입고 곱디고운 모습으로 영세를 받았고, 나는 고맙고 감격스러워 찔끔 눈물까지 났다.

그날 소원대로 지니는 약속했던 핸드폰을 선물로 받았다.

지니는 만 여덟 살 무렵에 심리검사 및 지능검사를 종합적으로 한 적이 있었는데, 학대의 후유증이 영 없진 않으나 지니의 경우 불안으로 인한 처리능력 저하도 걱정할 수준이 아니었고, 무엇보다 아이의 지능이 상당히 높다는 결과를 듣게 되었다.

수차례 심리 상담과 종합적 검사를 진행하셨던 교수님께서는

"이 아이는 진짜 잘 키우셔야겠어요! 그리고 아무도 애한텐 함부로 까불지 말라고 하세요. 너무 똑똑해서 곧 다 이겨

먹을 거예요."라고 껄껄 웃으며 말씀하셨다.

실상 그 검사 결과 이전에도 지니가 상당히 지능이 높은 아이라는 것은 느끼고 있었다.

아이는 한글을 쉽게 익혔고, 예닐곱 살 무렵 책을 읽어주곤 했는데 금세 책을 좋아하는 아이가 되어 어느 순간부터 스스로 엄청난 독서량을 쌓아가고 있는 중이었다.

초등 1학년 때 담임 선생님께서 지니의 독서력과 책을 좋아하는 모습을 어여삐 한편 신기하게 여기시며 어떻게 키웠냐고 묻기도 하셨는데 사실 비법이란 게 없고 지니의 영특함에 더하여 좋지만은 않았던 환경적 요소가 외려 플러스 요인이 된 면이 있지 않았나 싶다.

지니는 집에서는 언니들 틈바구니에서 자기가 원하는 티비 프로그램을 맘껏 제대로 볼 수도 없었고 식구 많은 집에 아이가 갖고 놀 장난감을 맘껏 쌓아둘 곳도 없었으니 다른 놀 거리도 많지 않았다.

그래서 취학 전에는 늘 책 읽어주시는 선생님과 갖고 놀 많은 장난감에 친구, 동생들도 있는 어린이집에서 오래오래 있다 오는 것을 좋아했기에 간혹 내가 일찍 데리러 갈라치면 "아이~왜 이렇게 일찍 왔어요?" 하며 살짝 화내고 서운

함을 내비치던 아이였으니 놀거리 없는 집에서 책이 지니의 가장 친한 친구가 되어준 것은 사필귀정 당연지사의 결과가 아니었을까?

그렇게 예쁘게 성장하고 있는 지니에게 맘 같아선 더 오래 오래 폰을 해주고 싶지 않았지만 가끔 지니가
"우리 반에 핸드폰 없는 아이는 딱 둘이에요." 하던 말에 "그래? 너랑 한 명 더 있나 보네?" 하면 "네. 저랑 ○○이랑 요." 하고선 '저도 사 주세요~!'라는 말도 안 하고 전혀 떼쓰거나 조르지 않는 아이가 나는 외려 안쓰럽기도 하고 조금 염려스럽기도 했던 터였다.

조르고 떼쓰면 때때로 이겨 먹을 수 있는 무조건적 사랑을 주는 부모가 없는 아이들을 키우며 나에게 가슴 아픈 순간은 역설적이게도 아이들이 떼쓰고 조르지 않는다는 것과 뭔가 갖고 싶은 것이 있어도 지니처럼 슬쩍 돌려 말한다거나 조르는 시늉을 해도 막상 안 된다는 말을 들으면 대부분 쉽사리 체념해 버린다는 사실이다.

지니도 절대 조르고 떼쓰지 않는데, 이 사실이 나는 늘 가슴 아팠다. 그것은 어쩌면 양육자의 사랑에 대한 신뢰의 크기일 수도 있고, 아이들이 자신들의 처지를 본능처럼 너무

나 잘 아는 것이어서 이렇게 부모라는 무조건적 존재에 대한 엄청난 상실감을 갖고 크는 우리 아이들을 잘 키운다는 것에 대해 나는 다각도로 생각해 보지 않을 수 없는 것이다.

그래서 학교 잘 다니고 공부 잘하고 나중에 반듯한 사회인이 되는 것도 중요는 하겠으나 더 중요한 것은 아이들 가슴에 난 구멍을 최대한 메워주는 양육을 실천하고자 노력하는 것이다.

그래서 조르지 않아도 너무나 간절히 원하는 지니의 마음을 읽어주면서 동시에 지니에게 평생의 힘이 될 신앙도 주면서 핸드폰을 해주는 일석이조의 효과를 노렸던 것 같다.

핸드폰을 갖기 전에도 지니의 게임에 대한 흥미는 엄청났었다.

언니들의 폰을 어깨너머로 지켜보다가 지청구를 듣기 일쑤였고, 어쩌다 티브이에서 서바이벌 게임드라마를 한번 보고는 끝까지 보기를 어찌나 간청하던지 살짝 놀랐던 기억이 있다.

그 드라마는 내가 보아도 이해가 아주 쉽지는 않은 수준이었는데 아이는 정말 재밌게 단숨에 끝까지 보았다.

그러던 아이가 폰을 가지게 되었고 아이의 기쁨은 엄청났다. 핸드폰 과사용에 대한 우려는 있었지만 처음에는 그냥 아무런 제재 없이 사용하게 기회를 주어보았다.

그리고 2주 후 큰 아이들의 도움을 받아 패밀리 링크를 통해 본 지니의 폰 사용 시간은 엄청났다. 대부분이 게임하는 데 사용한 시간으로 평일엔 기본 여섯 시간 주말에는 여덟 시간을 넘게 게임만 한 것으로 드러났다.

독서는 당연히 멀리 물 건너 산 너머로 멀어져 갔고 무엇보다 게임 중독으로 뇌의 발달에 치명적 손상이 올까 몹시 염려가 되었다.

막상 지니에게 의논했을 때 지니는 흔쾌히 시간제한을 받아들였다.

사실은 혼나는 것보다는 그냥 받아들이는 쪽을 택했었는지도 모르겠다는 생각도 든다. 여튼 주중 하루 한 시간, 주말 두 시간으로 소통을 했고, 나름 잘 지키며 지내던 지니가 요즘 자꾸 해야 할 일에 펑크를 내곤 했다.

그건 사실 핸드폰 사용의 문제만은 아니었다.

마을 청소년센터에 아동공유쉼터 공간이 만들어지면서 게임기 두 대가 설치된 것이 지니에겐 치명타였다. 방과 후면 언제나 돌봄 교실에서 프로그램을 재밌게 참여하고 바로 피아노에 들러 집으로 직행하곤 하던 아이가 수시로 연락 두절, 피아노를 안 가거나 몇 달 전부터 다니기 시작한 수영을 빼먹곤 하는데 원흉은 모두 그 게임기였던 것이다.

한번은 내가 다시 지니가 행방이 묘연하단 연락을 받고 직행해서 그곳을 습격(기습방문)한 적이 있었다.

그곳, 책이 빼곡한 컬러풀한 책장과 예쁜 테이블도 준비되어 있는 아늑한 공간의 한편에 두 대의 게임기가 있는데 온통 남자아이들 사이에 긴 머리 지니가 혼자서 게임기 하나를 차지하고 신나게 놀고 있던 모습에 한숨 반에 웃음도 났었다.

그날 갑자기 나타난 내 모습에 놀라고 쫄아서 더듬거리며 변명하는 지니에게 나는 오히려 노는 시간이 부족할까 매일 가던 피아노를 주 3일로 줄여주고 "월, 수, 금만 가면 되니까 절대 빠지지 말기~!" 신신당부를 했던 것이다.

처음엔 잘 지키던 지니가 얼마 지나자 게임하며 놀다가 다시 피아노를 한 번, 수영을 한 번 빼먹었다. 그곳에서 게임을 할 때면 이미 시간을 다 써버린 핸드폰 따위 멀리 던져놓고 받지조차 않는 것이 더욱 괘씸한 것이었다. 어쨌든 그놈의 게임기를 가져다 놓은 센터에 항의를 해야 하나 싶기도 했지만, 우선 아이에게 강하게 경고하고 핸드폰 사용을 일주일간 금지하는 벌을 주었다.

아이는 잘못을 인정하고 순순히 수용했다.

그리고 엊그제 토요일 폰 금지가 해제되었는데, 담당 보육사선생님으로부터 연락이 왔다.

폰이 없던 금요일에 서이랑 그리 잘 놀고 내일은 도서관 가자고 손가락 걸고 약속도 했던 지니가 토요일 아침, 눈 뜨자마자 핸드폰 게임을 하면서 이층침대서 밥도 먹으러 내려오질 않았다고 걱정스레 말씀하셨다.

게다가 도서관 가기로 한 약속을 상기시키니 언제 그런 약속을 했냐고 적반하장 우기고, 성당을 가면서는 학교에서 빌려 온 태블릿을 못 가지고 가게 했더니 온갖 짜증을 내며 서이에게도 아주 못되게 굴더라는 것이었다.

선생님 말씀을 들으면서 나는 지니의 그런 모습이 잘 상상되지 않았다.

지니는 나와 있을 때는 절대 그런 모습을 보이지 않기 때문이다. 아이들은 상당히 영악해서 모든 어른에게 대하는 것이 다 다르다(물론 어른들도 그러하다!).

가슴이 답답해 왔다.

사실상 좋아하는 것에 몰두하면 밥 먹는 것도 잊었던 것은 바로 나였다. 젊은 시절 책에 빠져서 (당시에 게임이 있었으면 아마도 더했을 거란 느낌) 밤을 하얗게 새우기 일쑤였고 새댁 시절엔 뜨개질을 하면서도 밥을 안 차려줄 정도였으니 한편 이해는 가면서도 그렇기에 또 자기통제 및 관리가 안 되는 문제가 인생살이에 얼마나 막심한 불편 또는 피해를 끼치는지도 스스로 산 경험을 해오지 않았겠는가 말이다.

녀석이 똘똘한 만큼 사춘기가 일찍 올 거라 예상은 하고 있었지만 이제 시작인 건가 싶고 도대체 이 노릇을 어찌해야 하나 싶었다.

결국 핸드폰 제재를 조금 더 하는 것으로 정했지만 맘은 뭔가 개운하지가 않았다.

선생님께서 전하는 것으로 해서 폰으로 인해 일상이 망가져서는 절대 안 됨을 강조하고 밥도 제때 먹고, 독서 먼저 하기를 정하고 아울러 폰 사용 시간이 남아 있는 한 다른 모든 일(식사, 독서, 산책 등)을 거부하는 것에 대해 할 일 먼저!!! 해야 한다고 엄히 일러주었다.

다시 지니는 예쁜 행동을 하려고 최선을 다하고 있다. 우선은 당면한 폰 금지를 풀기 위해서겠지만.

저 아이가 그나마 지금처럼 나를 무서워하고 내 눈에 들어 자신의 욕구를 채우려 노력하는 모습은 과연 언제까지일까?

빠른 사춘기가 오는 아이에게 그리 길게 기대할 수는 없을 거란 불길한 예감이 든다.

무엇보다 폰으로든, 용돈으로든 아이들에게 목숨처럼 소중한 것을 무기로 아이들을 통제하는 것을 사실상 별로 좋아하지 않고, 또 썩 바람직하지도 않다고 생각하지만 자신에게 해로운 정도로 통제력이 부족한 이 아이를 어찌 잘 키울까 고민이 많다.

돌이켜 보면 나는 사춘기를 조용히 보내지 않았다.

나름대로 어린 시절의 내재된 상처로 인한 방황과 증명의 욕구도 있었기에 그 내밀한 원인을 헤아리지 못하고 무조건 혼내고 금지하는 어른들을 아주 혐오했었다. 그랬기에 아무리 내가 흔들리고 표면적으로 문제아처럼 보이고 명백한 잘못까지 하더라도 나를 무조건 믿어주길 그렇게나 간절히 원했던 시기가 있었다.

하지만 아직은 너무 어린 지니에게 무조건 너를 믿는다고 방임을 할 수는 없다.

하지만 통제하고 억압하는 건 내 취향에도 철학에도 전혀 맞지 않으니 아마도 아이가 자라날수록 나는 져주고 믿어주고 속아주고 할 준비를 하는 게 맞지 않을까 한다.

건강 문제에 있어서나 인생의 진로 문제에 있어서나 결국은 자신의 노를 자신의 손에 들려주는 것이 옳다고 나는 생각한다.

다만 고민스러운 지점은 일반가정 아이들과 살짝 다른 지니의 심리상태나 상황을 고려하면 언제가 적당한 때일지를 잘 가늠하는 게 중요할 것이다.

또한 아이가 충분히 성숙할 때까지 우린 끊임없이 아이를 교육하고 때로는 타이르며 스스로 자신의 시간과 일과를 통제 관리할 수 있는 아이로 성장하도록 도와야 할 것이다.

흔들리지 않고 피는 꽃은 없다 하지 않았던가!
지니의 흔들림도 성장의 한 단계이자 그 아이만의 개성이라 받아들이고 기쁘게 예쁘게 키워보자!

4
최강 미녀 시아

글쓰기 동기부여를 받다

　대부분의 아동에 대한 학대 또는 유기는 빈곤가정이나 결손가정 등에서 일어나지만 그렇다고 백 퍼센트는 아니다. 실제로 풍족하고 학벌도 좋은 부모 아래 태어났으나 겪지 말아야 할 고통을 겪은 후 썸머힐에서 얼마간 살았던 시아가 있다. 최근 내가 학대의 실상과 그로 인해 고통받는 아이들에 대해 알리고 학대 방지 및 그러한 아이들을 어떻게 키워야 할 것인지에 대해 글을 쓰고 있다고, 묶어 책을 만들어 볼까 한다고 하자, 시아는 열렬히 환영하며 자신의 이야기를 낱낱이 써서 책을 꼭 내라고 응원해 주었다.

아이들의 이야기를 썼을 때 많은 사람들이 가슴 아파하면서도 아이들의 드라마틱한 이야기를 소설처럼 재밌어했다.
'재밌다고?'
내 글을 재밌다 하니 좋기도 했지만 점점 글을 계속 쓰는 것이 맞나 고민이 되었다. 아이들의 그 아픈 사연을 팔아 나는 무엇을 하려는 것일까? 라는 의문과 아이들의 방황했던 이야기들을 읽고 오히려 아이들에 대하여 부정적인 시선을 강화시키게 되는 것은 아닐까 염려가 되었다. 따라서 글쓰기도 다소 주춤하고 있을 때였다.

책은 물론 재밌어야 하겠으나 아이들의 아픈 이야기를 당연히 재밌으라고만 쓰지는 않았다. 학대나 유기 등으로 인한 깊은 내상을 끌어안고 살아내야 하는 아이들의 삶은 결코 녹록지 않다. 심한 우울증에 시달리고 불안으로 배움이 힘들고 낮은 자존감으로 인해 친구와의 관계 맺기도 버거워한다.
아무런 잘못도 없이 단지 지구별에 올 때 살짝 잘못 떨어졌다는 이유로 엄청난 데미지를 입은 채 살아가는 이 아이들을 좀 더 잘 이해할 수 있기를 그리고 우리 사회가 함께 끌어안아 주어 아이들이 더 행복해지기를 염원하는 맘으로 나는 이 글을 썼다.

시아가 흔쾌히 자신의 이야기를 써달라고 하는 것은 사실 좀 놀라웠다.

당연히 숨기고 싶을 수 있고 게다가 썸머힐에 있을 때 시아가 그 사실을 얼마나 수치스러워했는지 알았으니 더욱 그랬다. 그래서 톡으로 물어보았다.

"시아야. 근데~ 내가 네 얘기를 쓰면 사람들에게 무슨 메시지를 주고 싶은데?"

대답은 감동적이었다.

"음~ 우선, 학대가 가난한 가정에서만 일어나는 게 아니라는 것? 아동학대를 당하고 있어도 그 아동이 밖에서는 밝아 보일 수도 있다는 거? 그리고 일부러 관여하고 싶지 않아 피하는 어른들이 있더라는 거요. 또 부모의 직업이 좋으면 '애가 문제가 있겠지…'라는 선입견을 갖고 들으려고도 하지 않더라고요."

"아! 그랬구나! 그럴 수도 있었겠네~!"

함께 살 때도 듣지 못한 얘기라 가슴이 먹먹했고, 다음 얘기는 고맙고도 기특했다.

"그리고 전 당당하고 많은 사람들이 더 알아줬으면 한다는 것도 써주세요. 학대가 지나고도 그 순간들이 아이들에 겐 평생 영향을 주는데, 우리 교수님(아빠)은 학대를 하고도 근무 중이라는 거? 아이의 인생 따위 아무도 심각한 문제로 생각하지 않는다는 거죠!"

"그래. 우리나라가 학대가 일어나도 부모에 대한 처벌 수위가 너무 낮긴 하지. 일반 폭행보다 더한 한 아이의 삶을 망가뜨리는 행위를 한 건데도 말야…."

"그니까요. 전 여전히 그 영향 아래 있지만 어쩌면 평생 거기 갇혀서 원망할 수도 있지만…. 지금도 원망은 하는데, 일단은 제가 잘 살아야 하니까 노오력해야죠!"

곧 대학 입학을 앞두고 있는 아직도 어린 나이인데 시아가 너무 잘 컸다는 생각에 뿌듯함이 차올랐다. 시아가 우리 집에 있을 때 오랜 시간 서로를 증오하는 이혼한 아이의 친부, 친모에게 아이에게는 책임을 다해달라고 아이가 무슨 죄냐고 설득하느라 귀가 뜨겁게 통화했던 시간들이 다 헛된 것은 아니었다는 생각이 든다. 그럼에도 아이의 마음을 짓누르를 우울과 힘듦이 여전히 남아 있음을 알기에 한편 안타깝고 가슴 아프다.

"그리고요~ 보통 주위의 시선이 안 좋으니까 그룹홈이나 쉼터 사는 애들은 주위 사람들의 시선 땜에 말을 안 해요. 학대받은 사실도 시설 사는 거도… 말하면 그걸로 놀림 받으니까.

이미 상처받았고 겨우 탈출했는데도(내 탓이 아닌데도) 그다음엔 시설 산다고 수군거리니까 어깨를 펼 수가 없다?"

"와우! 그래…. 알 거 같아. 그런 편견 따위 가볍게 밟아줘야 하는데 막상 쉽지가 않을 거 알아. ㅠ"

"맞아요. 그래서 쌤이 쓰는 글로 조금이라도 도움이 될 거라고 믿어요."

시아의 말에 묵직한 책임감이 느껴졌다.

"그래. 믿어줘서 고마워. 최선을 다해볼게. 혹 내가 앞으로도 물어보면 또 잘 대답해 줘. 그리고 글 보내주면 읽어보고 네 말에 부합하는지 검토도 해주라."

"네. 완성되면 꼭 보여주세요!" 시아의 당당한 목소리가 자랑스럽다.

보이는 게 다가 아님을 알아주세요!

이제부터 나는 시아 이야기를 해보려 한다.

시아의 첫인상은 꽤나 강렬하고 신선했다.

시아는 쉼터 선생님과 함께 우리 집을 방문해서 나와 첫 상호 탐색전을 가졌는데, 세련된 외모에 진하고 화려한 키메라 화장에다 눈 아래 반짝이까지 화장을 거의 안 하는 내겐 예쁘고 신기하기조차 했다.

첫 대면을 한 얼마 후 시아는 우리 집으로 왔다. 내가 짐을 꾸린 아이를 데리러 쉼터로 갔고, 집으로 오는 길에 이혼한 부모 이야기며 계모로부터 당한 학대 이야기 등을 들었는데, 이 당시 시아에겐 때린 계모보다도 친부에 대한 분노가 더 엄청난 것으로 보였다.

시아는 첫인상만큼이나 개성이 강하고 카리스마도 상당해서 당시 먼저 우리 집에 살고 있던 인혜는 물론이고 센 척 하던 효은이조차 시아에게는 한 수 접고 들어가는 모양새였다.

문제는 시아 자신이었다.

어느 날 거실에 누워 있는 시아의 기분이 너무 우울해 보였다. 왜 그러냐고 물으니 "선생님, 전 왜 태어났을까요?" 했다.

왜 살아야 하는지 모르겠다고 깊은 우울을 내비치는데 가슴이 덜컥했다.

등교를 시작하고 며칠이 지나지 않은 어느 날 시아는 친구가 근처에 왔다며 늦은 밤 11시경 잠시 만난다며 나가서 귀가하지 않았다.

다음 날 아침, 계속해서 전화를 해도 전화조차 받지 않아 문자를 보냈다.

'시아야. 어디 있니? 네가 안전하게 있는지 알고 싶은 거야. 계속 연락을 받지 않음 어쩔 수 없이 경찰에 신고해야 해. 10시까지만 기다릴게' 문자를 보낸 후 곧 아직도 술이 덜 깬 목소리의 시아가 전화를 주었다. 어디냐고 하니 모텔이라고 마음이 안 좋아서 친구랑 술을 마셨다고 했다. 알았다고 하고 어서 집으로 오라고만 했다.

이때 학교에 일단 아이의 소재지를 알았으니 안심하시라 얘기하고 미성년자를 받아주는 모텔이 있으니 신고를 하는 게 좋을 것 같다 하니 어떤 교사분이 뭔가 핑계를 대며 나에게 신고하라며 미루던 기억….

시아는 학교에서 버티는 시간을 몹시 힘들어했다. 거의 하루도 학교가 끝날 때까지 있지 못하고 3교시 마치고 혹은 오전수업만 하고 점심도 안 먹고 집으로 돌아오기 일쑤였다.

초기에 시아가 짙은 키메라 화장에 눈 밑에 반짝이를 흩뿌리고 속옷이 보일 듯 말 듯 짧게 자른 초미니 교복 치마를 입고 등교하니 학생부장 선생님께서 전화를 하셨다.

"어머니. 시아가 화장도 과하고 치마도 너무 짧아요~!"라고 하시며 난색을 표하시는 선생님께 말씀드렸다.

"선생님. 그 부분을 저도 지금은 어쩔 수가 없습니다. 저는 시아가 학교에 가는 것만도 너무 고맙다는 심정이거든요. 그런 부분은 학교에서 잘 타일러 주세요."라고 말했지만 지금 생각하면 그저 조금만 기다리시라고 할 것을 후회가 된다.

친부 쪽 학대로부터 구출되었지만 친모로부터 양육포기를 당해서(학대 당사자 아닌 부나 모가 양육포기를 해서 장기시설로 오게 되므로) 어느 날 눈 떠보니 낯선 시설에 들어와 낯선 학교를 가야 하는 아이의 심정이 어떠할지 교칙이니 상식이니 정상비정상을 떠나 한 번쯤 진지하게 공감해 주면 좋았겠다는 아쉬움이 남는다.

아이들에게 초기에 왜 그렇게 안 해도 이쁜 얼굴에 화장들을 하느냐고 물어본 적이 있다. 돌아온 대답은
"맨얼굴로 나갈 자신이 없어서요."였다.

어느 정도 썸머힐에서 안정이 되고 존중받으며 생활하다 보면 길어도 1~2년 내로 아이들은 점차 화장이 엷어지고 전혀 안 하기도 한다.

그저 화장이 좋아서 하는 아이들도 당연히 있겠지만, 화장하는 아이들, 방황하는 우리 아이들을 우리 사회가 어른들이 너무 문제아 취급을 하며 부정적인 시선으로만 바라보지 않았으면 좋겠다.

마음이 콩알만 해진 아이들은 자신감이 없어서 화장을 하기도 한다는 것.

자존감 손상, 즉 자신의 존재를 환영받지 못하고 존재 자체에 위협까지 당한 아이들은 결코 자신이 예쁘다는 사실을 받아들이질 못한다.

모든 방황에는 원인이란 이름표가 있다

"쌤! 저 피어싱해도 돼요? 보호자 동의가 필요하대요. 해도 돼요?"

어느 날 갑자기 전화해서 시아가 다짜고짜 말했다.

"어? …너 지금 어딘데?"

"미용실이요. 귀 뚫어주는 미용실! 저 입술 피어싱하려는데 보호자 동의가 필요하대요. 지금 쌤이 제 보호자니까 동의해 주세요."

"어…. 시아야. 내가 네 보호자인 건 맞는데, 넌 친권이 있는 부모가 있잖아? 내가 또 딱히 친권자는 아니라서 말이지 그걸 해줄 권한이 내게 없는 거 같아. 엄마한테 먼저 물어보는 게 좋을 거 같은데…."

"지수(엄마 이름)요? 절~~~대 안 해주죠. 쌤이 지금은 제 보호자니까 그냥 쌤이 해주면 되잖아요?"

"아니, 친권자가 있어서 못 해준다니까…."

"아니~~~ 쌤이 보호자잖아요!? 근데 왜 안 된다는 거예요?"

"설명했잖아~! 친권자가 없음 몰라도 계시니 여쭤보고 해야 한다고."

"그니까 왜요~?"

끝도 없었다. 할 수 없이

"할 수 없어서 못 해주는 거니 그리 알아라~"하고 전화를 끊어버렸다.

초기의 시아는 자신이 뭔가를 원할 때 그걸 제지당하면 최악의 비논리적 막가파가 되곤 했다. 하지만 평상시 대화를 할 때면 가장 논리적이고 합리적 사고를 해서 수시로 친구들 상담까지 해주곤 했다.

저 시기 시아는 말 그대로 질풍노도의 시기였을 뿐만 아니라 자신의 처지로 인한 분노가 가슴속에서 이글거리던 시기였던 것 같다.

그래서 자신의 요구가 거절당했을 때는 타협하고 자시고 없이 막무가내로 밀어붙이는 막가파 타입이었다.

그런 시아도 몇 달이 지나며 천천히 안정을 찾아갔다. 학교에서도 친한 친구들이 제법 생겨서 가끔 친구를 집에 데려오기도 하고 또 친한 친구네 가서 놀다가 허락을 받고 자고 오기도 했다.

알고 보니 시아는 막상 술이 세지도 않았다. 어느 날은 약한 아이가 다소 과하게 마셨는지 취해 들어와서 방에서 엄청나게 한번 토하더니 그걸 손수 열심히 치우고선 이후로 술은 거의 입에도 대지 않았다.

힘들어하며 친구랑 밤새 모텔서 얘기하며 술을 먹고 들어온 날 나는 혼내는 대신에 말했다.

"힘들 때는 나한테 말해…. 위험하게 모텔 같은 데 가지 말고! 나랑 마시자."라고.

그러나 사실은 나는 미성년자인 내 아이들에게 함부로 술을 줄 수 없다.

부모가 집에서 미성년 자녀들에게 "술은 어른에게서 배워야 해." 하면서 맥주 한 잔 정도 주는 게 아무 문제가 되지 않지만, 힘들어 딱 죽고만 싶어 하는 아이에게 술을 한 잔이라도 줄라치면 아동학대로 고발당할 수 있기 때문이다.

어느 정도 시간이 지나니 시아가 공부에 흥미를 보였다.
아이는 친모의 학습강요로 인한 거부반응으로 공부하기를 거부했었지만 점차 안정이 되니 진학 걱정도 하면서 스스로 문제지를 사달라고 하는 날이 왔다. 속으로 이젠 됐구나 싶었다.
정상 지능에다 학습 수준도 그다지 뒤떨어져 있지 않았으므로 '이제는 시아가 천천히 제 궤도를 찾아 비상하겠구나!' 생각하며 기뻐할 그즈음 갑자기 시아의 친조모께서 아이랑 살겠다고 우리 집 근처로 이사를 온다고 했다. 친조모랑 살 때 이미 방임과 제대로 된 양육의 부재로 많은 방황을 했고 사고도 당했던지라 강하게 반대했지만 시아의 의사가 단호했다. 일말의 망설임 없이 시아는 할머니와 살겠다고 했다.
그만큼 시아는 자기가 도대체 왜? 그룹홈이라는 시설에 들어와 살고 있는지 받아들이기 힘들어했으며, 그런 현실을 끔찍하게 여겼다. 시설을 떠나 자신만의 방을 가지기를 강력히 원했고, 아이의 의사가 단호했으므로 이제 막 안정과 변화를 보이던 시점이라 나로선 참으로 애석했지만 막을 방도가 없었다.

 몇 개월의 형식적인 원가정 복귀 프로그램을 진행하고 시아는 할머니 집으로 옮겨갔다. 아직 채 1년도 되지 않았던 시점이었다.

아이들은 죄가 없다

 시아의 친부는 교수다. 상당한 부를 가졌던 시아의 친모와 결혼을 하고 딸 둘을 얻었지만 아이들이 아직 어릴 때 외도를 했고, 그 사실을 안 외조모가 기세등등하게 들이닥쳐 딸을 데리고 가 이혼을 시켰다고 했다. 결혼 당시 사 주었던 집과 모든 재산은 환수해 갔고, 이에 대해 친부는 분노했다. 두 사람은 이후 서로를 증오하고 비난하느라 정작 이유 없는 피해자가 된 아이들은 뒷전이 되었다.

 처음에 시아는 엄마랑 살고 동생은 아빠랑 살기로 했다는데, 6학년 무렵 엄마의 과도한 학습강요에 질린 시아가 아빠에게로 가서 살겠다고 했고, 이후 아빠가 주는 생활비로 친할머니와 살았다.

그러나 할머니는 살뜰하게 아이들을 챙기는 분이 아니었고, 아이들은 거칠게 친모를 욕하는 소리를 할머니로부터 수시로 들으며 종종 방임되었던 듯했다. 아이는 방황했고, 그 와중에 어느 날 시아는 술에 취한 상태에서 추행사고를 당하게 되었다.

사고 이후 시아는 할머니를 떠나서 당시 재혼한 지 그리 오래되지 않은 아빠의 새 가정으로 들어가 살게 되었다. 이때만큼은 친부도 새로 만든 가정에서 두 딸까지 끌어안고 행복한 가정을 일궈보려고 맘먹지 않았을까 싶다. 그러나 혼돈 속에 있는 사춘기 소녀 둘을 가슴으로 낳는 일이 쉬웠을 리 없고, 결국 아이의 진술에 의하면 시아는 계모로부터 온갖 이유로 수시로 매를 맞았고, 때론 흉기로 위협까지 당했다고 했다.

시아는 담임교사의 학대 신고로 이른 새벽 간단한 옷가지만을 챙겨 집을 탈출하는 것으로 구출되었다. 그리고 나에게로 오기 전 몇 달을 중 단기 쉼터에서 있었는데, 쉼터에서의 시간도 시아는 몹시 끔찍해했다.

막상 다시 할머니와 살면서 고등학교에 진학한 시아는 그다지 행복하지 않았다. 방황하면서 많이도 외로워했는데, 손

녀랑 살겠다며 합가한 할머니는 이번에도 아이를 살갑게 돌보기보다는 며칠, 길게는 몇 주씩 여행이나 자녀 집에 가버리고 겨우 고1인 시아는 혼자서 긴 시간 방치되기 일쑤였다.

한번은 김치랑 밑반찬을 싸서 들러 청소도 좀 해주다가 화가 나서 "시아야. 이건 방임이야! 넌 아직 어려. 학대로 네 할머니 신고해 버리고 싶다. 다시 집으로 들어올 생각 없어?"했더니 아이는 심플하게 "노~노~!!"했다.

자유롭고 싶어 하는 맘은 이해가 되면서도 한편 끊임없이 외로워하고 우울해하는 아이가 안쓰러웠다.

돈이란 정녕 무엇일까?

그즈음, 할머니와도 갈등이 심하고 학교생활에도 크게 흥미가 없는 시아를 차라리 캐나다로 보내는 것이 어떻겠느냐고 친모를 많이 설득했다. 캐나다 국적이 있는 엄마를 따라 자동적으로 국적이 획득되어 학비가 들지 않아 좋을 것 같았고, 캐나다의 교육환경이 상당히 훌륭하다는 것을 영국 교육을 경험한 나는 분명하게 알고 있었다.

어느 정도 설득된 어머니는 가끔 딸한테 와서 함께 호캉스도 하고 밥을 사주기도 하셨다. 그러나 시아의 캐나다행은 결국 돈 문제로 무산되고 말았다.

　나는 상당히 넉넉하다는 시아 친모의 돈에 대한 태도를 보며 처음으로 돈에 대한 완전히 다른 개념을 가진 즉 전형적 강남부자의 일면을 본 것 같아 놀랍고도 신기했다. 시아의 친부나 친모의 돈에 대한 집착은 상당해서 때론 자녀보다도 앞서는 것 같았고, 돈의 힘으로 자녀를 좌지우지하고 싶어 하는 면이 확실히 엿보였다.

　그리고 그러한 사실에 시아는 늘 분노하면서 자신은 또 늘 '돈 돈' 했다. 돈이 최고라며.

　캐나다 유학에 대한 얘기가 한창 긍정적으로 진행되던 즈음, 예전 할머니랑 살 때 당했던 사고의 합의금으로 상당한 액수의 돈이 시아에게로 들어왔다.

　그러자 시아 어머니는 유학을 가되 그 돈을 먼저 써야 한다고 주장했고, 시아는 왜 자신의 아픈 돈을 자기의 학비로 써야 하냐고 분노했다. 학비는 당연히 부모가 대주어야 하는 거 아니냐며….

　시아는 다시 친모와 불화하게 되었고 캐나다 유학이 흐지부지 없던 일이 된 후 시아는 자퇴를 했다. 친부의 지원을 받아

검정고시와 입시학원을 다니기로 했다면서 부산으로 내려가는 결정을 내린 시아가 나는 왠지 불안하고 걱정스러웠다.

엄마에 대한 큰 실망이 이끈 결정이었겠으나 시아의 분노가 또 다른 잘못된 결정으로 이어졌음을 아는 데는 그리 오랜 시간이 필요치 않았다. 게다가 이번에는 친부가 집을 사는데 돈이 부족하다며 그 돈을 빌려 갔다는 소리를 듣고 기가 막혔다. 성인이 되면 이자까지 쳐서 돌려준다고 했다지만, 그저 아이의 이름으로 저축, 또는 투자하도록 도와줄 수는 없었을까? 나로선 도저히 이해 불가였다.

방황하는 아이 뒤에 참 어른은 없다

부산에서 입시학원을 다니기로 한 결정의 결과는 역시 좋지 않았다. 가끔씩 전화 통화를 하면 시아는 자신의 뒤처진 학업에 대한 현타를 얘기하였고 예전처럼 다시 낯선 아이들 속에서 생활하는 것에 공황까지 느껴 학업이 가능하지가 않은 상태 같았다.

힘들다며 몇 번의 통화가 있은 후 시아는 다시 트렁크를 끌고 상경했다.

이번엔 친가 쪽에 대한 원망만 잔뜩 싸안고 다시 엄마에게로 가는 결정을 내리고 잠시 만난 시아에게 이제는 부디 방황을 멈추고 엄마에게 꼭 붙어 열심히 공부할 것을 신신당부했다.

그리고 시아는 그렇게 했다. 이번에는 친모 집에서 과외와 인강을 통해 열심히 공부했고 검정고시를 최고득점으로 합격을 한 후 이듬 해 수능 시험까지 도전했다.

드디어 시아를 다시 맡은 친모는 얼마 후 전세를 주었던 아파트를 비워 두 딸을 모두 거두었고 곧장 시아의 친부와 계모를 아동학대 및 특수폭행으로 고소했다.

아이에게는 어쨌든 친부이고 어린 동생도 있는 관계로 다시 이렇게까지 해야 하냐고도 의문을 제기해 봤지만 시아가 당한 학대가 생각보다 너무 심각하여 도저히 그냥 넘어갈 수 없다는 게 답이었다.

친부 쪽에선 억울하다며 내게 탄원서나 자신에게 유리할 자료를 수차례 요청하기도 했지만 사실 그 억울함에는 그닥 동의해 줄 수가 없었고 유리할 어떤 자료도 실상 가진 게 없었다.

결국 친부는 실형을 선고받고 계모는 어린아이가 있어 집행유예를 받았다고 들었다.

결국 그렇게 되었구나! 했는데 그리 오래지 않아 친부로부터 전화가 왔다. 합의금을 수억 원 주고 일찍 나왔다며 당부할 말이 있어 전화를 했다고 했다.

"혹시 말이죠~ 시아 만나시거나 통화하시게 되면 이것만 꼭 전해주세요."

"뭔가요?"

"앞으로 죽을 때까지 절대 연락하거나 제 앞에 나타나지 말라구요."

그리고 몇 마디 더 한 거 같은데 이후 얘기는 기억나지 않는다.

어른의 잘못으로 아이들은 죽을 만큼 힘들었으나 친부나 친모의 입에서 단 한 번도 자신들의 부족함이나 잘못을 인정하는 소리는 듣지 못했다.

어른이 되어 언제나 아이의 행동을 비난하며 자신을 변명하기 바빴을 뿐 자신들로 인해 상처받고 방황하는 아이들에게 단 한 번도 미안해하거나 사과하는 모습을 본 적도 없으니 참으로 쓸쓸한 노릇이 아닐 수 없었다.

정책유감?

처음 시아를 맡았을 때부터 나는 시아의 부모같이 재력이 상당한 가정의 아이조차 학대로 신고되어 구출된 경우 무조건 국가가 아이의 양육 및 교육에 대한 비용을 왜 전액 부담해 줘야 하는지 강한 의문이 들었다.

학대를 하고 아이의 양육에 책임을 다하지 못한 부모는 제대로 된 처벌도, 경제적 책임도 지지 않고 왜 우리의 세금으로만 키워야 하는 걸까? 하는 생각이 들었다. 당연히 자산 정도에 따라 분리된 자녀의 양육 및 교육에 기여할 강제 이행금을 부과해야 마땅하지 않을까 싶었다. 이혼한 부모도 법적으로 당연히 양육비를 부담해야 하는데 말이다.

학대자인 부모와 자녀의 관계는 우리가 상상할 수 있는 정상적 관계가 결코 아니다.

학대는 비정상적 심리에서 비롯된다고 봐야 한다. 너를 위해서라고 하지만 실제는 철저히 통제하고 굴복시키는 것이 목표이며, 그것은 절대 달성될 수 없는 지옥의 문을 연 것과 같은 것이다.

학대자는 자녀에겐 생존의 위협이 되는 공포의 대상이며,

그것은 구출된 이후라도 종종 지속되는 양상을 보인다.

그들은 자신의 자녀들을 철저히 통제하고 완전하게 굴복시키려고 하는데 그것은 종종 학대 피해자인 자녀가 죽음에 이르러야만 끝이 나는 결코 헤어날 수 없는 집착의 모습으로 나타난다.

그럼에도 우리나라에서는 학대 기간이 길고 정도가 심했다 해도 아이가 죽지 않았을 경우 대부분 학대 부모에 대한 처벌은 너무나 경미하다. 대부분이 남은 부양할 자녀가 있거나 반성하기 때문이란 것인데 학대 판정을 받게 되어도 일정 기간 부모 교육과 상담 등이 강제되고 이행하고 나면 또 짧은 기간만 접근금지 처분이 내려지는 것이 우리나라의 법 현실이다.

학대가 아이의 정서에 얼마나 심각한 해악을 끼치는지 그리고 구출된 이후에도 반드시 철저히 분리·보호되어야 한다는 것을 제대로 이해하지 못해 법이 과하게 느슨하다는 생각이다.

즉 오랜 학대가 지속되었다면, 아이의 인권(의사)을 존중하는 정상적 부모 자녀 관계로 회복되는 것은 상당히 어려울 것은 자명하다. 그러므로 아이들이 스스로의 자존감을 회복하고 자신을 지킬 수 있을 만큼 충분히 성장하기 전에 아이를 쉽게 원가정에 복귀시킨다든가 하는 것은 아이에게 상당히 위험한 결과를 초래할 수 있음을 우리는 깊이 인지해야 한다.

 어떤 부모는 결코 아이가 행복하기를, 아이가 잘되기를 원치 않는다는 것을 일반적인 상식을 가진 이가 받아들이기는 상당히 어려울 것을 안다. 하지만 세상에는 놀랍게도 그런 부모가 존재한다. 그리고 내가 아는 한 그런 부모들은 자신도 행복하지는 않은 것 같다.

 어쨌든 우리가 해야 할 일은 어렵게 구출한 아이들만이라도 잘 보호하고 행복하게 양육하여 그 불행의 고리를 끊어 주어야 한다.

 덧붙이자면 시아의 경우 학대 자체의 문제만이 아니라 자본주의 사회에서 버려지는, 또는 소외되는 아이들의 문제를 보다 폭넓게 들여다볼 필요가 있음을 주목하게 한다.

 전쟁을 겪은 우리나라에는 내 어릴 적엔 전쟁고아가 넘쳐났었다. 수많은 고아원이 생겨났고, 주변에도 밥도 제대로 못 먹어 하루 한 끼 불린 수제비로 배를 채우는 친구들도 드물지 않았다.

중학교 때 선생님께서 말씀하신 대로라면 그러하던 대한민국이 이제 세계 10위권 경제 대국이 된 현재는 더 이상 국가가 키워야 할 아이가 없어야 옳다. 그런데 현실은 그러한가?

고아원에서 명칭이 바뀐 보육원에서, 또 집단양육을 벗어나 가정을 만들어 주자는 의미에서 탄생한 공동생활가정, 그룹홈이나 일반 위탁 가정 등에서 보호·양육되는 아이들은 여전히 전국적으로 무시할 수 없는 수천 명에 달한다.

핵가족화된 사회, 자본이 넘치나 자본만 쫓는 사회에서 약자인 아이들은 소외되기 십상이다.

생명이 존중되지 않는 삭막한 세상에서 자연의 일부인 우리가 행복할 수는 없다.

한 아이를 키우려면 온 마을이 필요했다는 사실을 기억하자. 국가는 보다 촘촘한 복지 안전망을 설계해야 하고 모든 아이들은 함께 키워내야 하는 소중한 우리들의 미래임을 명심해야 한다.

5
애착 결핍 서이

입소 신고식?

어저께 산바라기 학교로 가는 차 안에서 서이와 지니는 앙칼지게 목청을 높이며 소리소리 지르며 싸웠다. 다른 보육교사와 얘기를 나누다 화들짝 놀라서 어디서 어른들이 있는데 이렇게 소리를 지르며 싸우냐고, 대체 어디서 배운 버르장머리냐고 상당히 강한 어조로 야단을 쳤다.

지니는 금방 수그러들었다. 바로 뒷자리에 있어 표정을 살피진 못하지만 보나 마나 기가 죽어 눈물을 글썽거릴 모습이 그려지던 찰나, 하룻강아지 범 무서운 줄 모르듯 막내가 또 쟁쟁거렸다.

논리도 없이 따박따박 끝을 올려가며 따지듯 소리치는 것이 여섯 살 아이의 모습이라기엔 충분히 과한 정도였다. 저런 모습을 많이도 보았나 보다 싶었다. 그러다가 나중엔 지니에게 상처가 될 수도 있을 말들을 마구 쏟아냈다.

"언니~~ 내가 우리 엄마한테 다 일러줄 거야! 우리 엄마는 엄청 힘세거든~! 그리고 우리 아빠도 진짜 힘세거든? 내가 다 일러주면 언니는 엄청 혼나고…. 응~ 응~~"

듣다 보니 지니의 마음이 좀 걱정이 되었다.

"서이야. 너 엄마 하나지? 지니는 엄마가 세 명인데? 너 일러줘서 지니가 혼나면 지니 엄마들은 가만히 있을 거 같아?" 했더니 지니가 얼른 받아서 "3대 1이면 이길 거 같아?" 하며 의기양양해졌다.

차에서 내린 후 서이에게 "서이야. 이제 너도 우리 가족이 됐는데, 네가 엄마 아빠 얘기하고 그럼 되겠어? 지니 언니도 네 가족이고 너도 이제 엄마가 셋이나 생긴 건데?" 했더니 "알겠어~" 하고 뛰어갔다.

서이는 다소 에너자이저이고 애교도 많으며, 잘 먹고 쉴 새 없이 자신을 봐달라고 하는 아이다. 아직은 마음의 불안이 가시지도 않은 시기이고, 과거의 아픈 기억으로부터도 자유롭지 않을 터.

그런 서이가 오늘 아침에 갑자기

"엄마~! 내 동생도 우리 가족이 되면 안 돼?" 하고 물었다.

단기 쉼터에서 서이는 동생이 울면 지나치게 불안해하며 문제행동을 많이 보여서 결국은 두 아이를 분리하게 되었고, 그 이후로 서이는 급속히 좋아졌다는 소리를 들었기에 의외의 질문이었다.

사실 조만간 서이처럼 장기 양육이 고려되고 있는 서이 동생의 입소를 적극적으로 고려, 요청하다가 서이의 정서적 안정을 위한 강한 권유로 포기로 기울고 있었기에 서이의 요청은 다소 당황스럽기도 한 것이었다.

"응? 서이야! 동생이 오면… 서이가 힘들지 않을까?" 했더니 "아니~! 내가 ○○이를 얼마나 사랑하는지 알아요?" 그러더니, "내가~~ ○○이 지켜줄라고 했는데~~ 발을 다쳐서~~~ 내가 동생 지켜줄 거예요." 쫑알거린다.

듣다 보니, 머리를 강타하는 생각!

아!!! 편애로 인해 동생을 미워하고 있을 거란 건 나의 오판이었구나.

이 아이는 부모로부터의 학대에서 어떻게든 동생을 보호하려 했던 아이구나!!! 감동이 밀려왔다.

"엄마가 서이랑 동생을 때렸어?" 첨으로 물었다.

"네!" 고개를 끄덕였다.

"왜 그랬을까? 엄마가?"

"사랑이 깨져서요!" 하는 아이의 말에 나는 그만 가슴이 먹먹해졌다.

지금은 엄마한테 안 갈 거라고 아주 아주 나중에 갈 거라고 말하던 아이!

동생이 오면 네가 힘들지 않겠냐고 하니, 여기는 혼내지 않으니 괜찮다고 동생과 같이 살고 싶다는 아이의 말에 마음이 복잡해졌다.

아이들의 마음은 들여다보면 볼수록 맑고 곱다.

하늘나라가 왜 그들의 것이라고 예수님께서 말씀하셨는지 나는 알 것 같다. 우리가 조금 힘들어도 기도하며 자매를 함께 키워야 옳지 않겠는가 생각이 들었다.

'주님! 최선을 다할게요! 서이 동생 저희에게 보내주세요.

그리고 아이들의 엄마를 위해서도 기도합니다.

아이들을 위해서 부디 심신의 건강을 회복하고 행복해지기를!!'

서이의 엄마는 본인도 학대 유경험자라고 했다.

서이의 안부를 묻기보다 자신의 얘기를 하는 데만 급급한 불안정한 목소리.

어린 나이에 아이를 줄줄이 낳았으나, 어떻게 사랑을 주며 잘 키울 방법을 모르겠다며 진심으로 배우고 싶다는 그녀는 자신도 충분히 사랑받아 본 적이 없는 어린 엄마이다.

보통 불안정한 엄마, 아빠의 뒤에는 대부분 또 가난하고 불안정한 조부모들이 있어 그들도 딱히 도움이 되지 못한다.

우리 사회가 어떻게 이들을 도울 수 있을지 지혜를 모아야 한다.

이들은 특별한 사람들이 아니요, 우리 주변의 평범한 이웃들이고 우리와 함께 살아가는 우리 사회 구성원들이기 때문이다.

그리고 무엇보다 아이들은 죄가 없으니!

아이들은 만 가지 모습을 지닌다

서이의 어린이집으로부터 상담 일자를 정해 방문하라는 통지를 받았다.

오후 다섯 시부터라 5분 전 도착, 기다리고 계시던 서이 담임 선생님과 반가이 마주 앉았다.

그리고 한 시간 넘도록 선생님과 서이에 대해 많은 이야기를 나누었다.

선생님께서도 서이가 처음 왔을 때보다는 폭력성이나 분노조절문제는 많이 좋아진 듯하다고 먼저 언급하셨지만, 어린이집에서의 서이는 또 다른 문제를 많이 보이고 있어 놀라웠고 몇 가지 모습은 가슴이 아팠다.

서이는 어린이집에서도 관심을 끌기 위한 행동들을 많이 하고 있었다. 거짓말, 잘난 척, 잘하는 척하기 등.

그리고 애착 형성이 제대로 되지 않아서인지 낯선 사람에게 경계가 없이 다가가고 안고 자신을 던져버리는 행위는 어린이집에서도 여전했다.

심지어 배관을 고치러 온 아저씨에게조차 잘생겼다며 넋을 놓고 감탄하며 바라보다가 일을 마친 아저씨가 가려 하니 바짓가랑이를 잡고 가지 말라고 난리를 쳤다는 소릴 들으니 기가 찼다.

더 기가 막혔던 것은 서이가 의자에 앉아서 가끔 "누구 내 치마 들춰볼 사람?" 하며 오히려 아이들에게 자신의 치마를 들춰보라고 권했다는 이야기였다. 의자에 앉을 때면 다리를 꼬고 앉으며 부러 치마를 어느 정도 걷어 올리고선 치마를 올려 보라고 도발을 한다니 너무 어이가 없고 걱정스러웠다.

그리고 서이가 제 여동생만 한 대여섯 살 딸아이 하나에겐 모든 걸 대변하고 돌보아 주며 유독 편애를 해서 다른 아이들의 원성을 산다는 얘길 듣고는 마음이 아팠다. 동생이랑 함께 살고 싶다고, 자신이 그 아일 지켜주려고 많이 애썼다는 얘기를 하던 아이.

동생이 자기 곁으로 못 오게 되었단 얘기를 듣고는 동생과 닮은 다른 아이를 돌보며 그리움을 달래는 것 같았다. 다른 아이들처럼 천진하게 부모님의 사랑과 지지를 듬뿍 받으면서 자라지도 못하는 아이들이 자매간에도 생이별한 채 긴 시간을 자라게 하는 것은 거듭 생각해 보아도 옳지 않은 것 같다. 성별이 다른 것도 아닌데 굳이 떼어 놓아야 하는지 진정 인권에 반하는 행위가 아닌가 싶은 것이다.

어린아이들의 1~2년은 긴 시간이다. 아이들은 싸우고 지지고 볶더라도 함께 살아야 한다는 게 내 생각이다. 의지할 만한 부모도 못 가진 아이들이 서로 의지할 자매조차 빼앗겨서야 될 일인가!

여러 가지 얘기를 나누다 보니 한 시간이 후다닥 지나버렸다.

첫 아이 인혜처럼 장시간 학대에 노출됐을 경우 보이는 낮은 자존감과 불안감 등으로 인한 많은 서이의 문제행동들에 대해 우리는 최선을 다할 것을 약속하며 손을 맞잡았다. 그래도 아직 어리니까 훨씬 더 많은 변화를 보이지 않겠느냐고 희망을 얘기하면서.

우유만 좋아요!

우유를 지나치게 좋아하는 서이가 하루에 팩 우유만 대여섯 개 이상씩 먹고 밥은 잘 안 먹는다는 소릴 들었다. 내가 근무하는 날 아침에도 역시나 아이가 말했다.
"우유 주세요!"
"우유… 없는데?"
"아아~~ 왜요?"
"서이가 우유만 너무 많이 먹고 밥 안 먹는다면서? …그래서 당분간 우유 안 사려고."
"뭐라구요? 씨~~! 우유 달라구요~~!"
서이는 두 손을 허리춤에 올리고 도끼눈을 뜨고 덤빌 자세로 씩씩거렸다.
"서이!! 지금 이게 뭐 하자는 거야? 응? 너 이렇게 하면 어른을 이길 수 있어? 어른하고 싸우자는 거야, 지금?"하고 일단 엄하게 혼을 내고서 여전히 씩씩대는 아이에게 눈높이를 맞춰 앉아서 "서이! 너 우유가 먹고 싶은 거지?"하니 고개를 끄덕였다.

"우유를 먹고 싶으면 방금 뭐라고 했지? 네가 우유만 많이 먹고 밥을 안 먹어서 안 줄 거라고 했잖아. 그럼 뭐라고 해야 해? '앞으로 밥 잘 먹을게요. 우유주세요~!' 해야지. 이렇게 화내고 식식거린다고 주겠어?"

그런 다음 "이제 밥 잘 먹을 거지? 항상 밥 먹은 후에 우유 줄 거야. 알았어?"하니 순순히 고개를 끄덕였다.

자신의 요구가 거절되었을 때, 그것을 청하는 방법을 제대로 배우지 못한 아이는 단 한 번의 경험으로 문제행동이 획기적으로 줄어들었다.

요즘 서이는 지니 언니가 밉다.

다른 언니들은 너무 크고 같이 놀지도 않으니 비교 대상도 아닌데, 같이 놀아주는 지니 언니가 모든 면에서 너무 잘하는 게 많아 빈정이 많이 상한듯하다. 지니가 말하는 모든 것을 자기도 해봤다거나 잘한다거나 나도 안다거나 하며 일일이 말을 거들고 나서는데 그것을 듣는 지니는 끊임없이 "서이야~~! 제발 거짓말 좀 그만해~"하며 한숨을 폭폭 쉰다.

또 서이는 누군가 조금만 친절하면 외부에서 만난 사람에게도 금세 안기려 하거나 안으려 하고 심지어 따라가 살겠다고 하며 애정표현을 과하게 한다.

저게 무슨 행동일까?? 하다가 곰곰 생각하니 애정결핍으로 인한 애착 불안으로 기인한 행동이 아닌가 싶었다. 이런 서이에게 어떻게 하면 최대한 결핍은 채워주고, 자존감을 회복시켜 줄 수 있을까 나는 생각이 많아진다.

의식? 무의식?

지난주 토요일에는 산바라기 학교에 자녀 둘을 데리고 한 가족이 놀러 왔다.

지니가 성당을 가는 토요일에는 서이만 데리고 학교를 갔는데, 서이는 신나서 아이들을 몰고 다니며 같이 잘 놀았다. 에너자이저인 데다 뭐든 진득하게 관심을 갖지 않는 서이는 "얘들아~! 우리 동물들한테 가보자." 했다가 금세 "얘들아, 우리 달리기할래?" 등등 바람을 잡으며 여러 아이들을 이끌고 다니며 신나게 놀았다.

그러다 다음 날, 일요일은 지니와 서이가 같이 학교에 왔다. 산바라기의 원래 터줏대감은 지니인데 서이가 요즘 그 노릇을 하려 하지만 지니가 있으면 그게 잘 안 먹히게 마련.

학교에 도착하자마자 책을 좋아하는 지니는 곧장 북 카페로 가서 한동안 박혀 책만 읽었다. 그사이 서이와는 놀러 온 아이 둘과 함께 한 줄 남겨두었던 고구마 캐기 체험을 했다. 서이와 함께 체험하며 놀아준 아이들에게 고구마도 넉넉히 한 봉다리씩 싸주었다.
고구마 캐기가 끝나갈 무렵 지니가 내려와 아이들을 모두 북카페로 데려갔다. 나도 커피가 생각나 카페로 가니 네 아이들이 환히 불 켜진 자그마한 다락방에 옹기종기 모여 앉아 놀고 있었다. 그 모습이 마냥 이뻐서 흐뭇한 웃음이 절로 났다. 학교에 아이들이 와서 놀고 있는 모습을 보면 나는 마냥 행복해진다.
커피를 내려 놀러 온 손님들도 불러 함께 마시고 있으니 다락방에서 놀던 아이들이 피아노를 치겠다며 앞서거니 뒤서거니 내려왔다. 그리고 피아노 치는 아이 옆에 두 아이가 순서를 기다리며 서 있던 그 순간, 다락방 작은 창에 서이가 쑥 나타나더니 순식간에 단 1초의 망설임도 없이 책 한 권을

밑으로 툭 던졌다. 그리고 아이는 바로 계단으로 조르르 내려왔다. 마치 누가 맞았을까 확인이라도 하려는 듯이.
  너무 놀랐고, 살짝 소름이 돋았다.
  책은 놀러 온 아이 중 큰 아이 머리에 맞아서 아이는 아파하며 울음을 터뜨렸다.
  기가 막혀 야단을 쳤지만 서이는 태연했고, 그럴 수도 있다며 사과하라는 아저씨 말대로 즉시 다가가서 "언니~ 미안해!" 하는데 놀란 나는 아이에게서 그리 진정성을 느낄 수 없었다.
  무엇보다 그 가족에게 너무 죄송스러웠다.
  솔직한 느낌은 순간 작은 악마를 본 것 같은 충격이었고, '왜? 왜 그랬을까?' 하는 생각을 떨칠 수가 없었다. 단순히 자신만 남겨두고 순식간에 다 내려가 버린 아이들이 맘에 안 들었을까?
  그럴 수 있다. 그래서 뿔이 났다고 처도 아래에 사람이 있다는 것을 알면서 그렇게 무심한 듯 책을 던진다고?
  나는 아직도 모르겠다. 의도적 행동이었는지 아무 생각 없이 한 행동인지….
  내가 믿어 온 성선설이 맞는 것인지 혼란스러운 때가 가끔 있는데 이 상황도 그러한 느낌을 주었던 것 같다.

배움의 선택에 대한 권리, 그 속도 존중에 대하여

오늘 서이를 데리고 병원에 다녀왔다. 서이가 우리 집에 온 지 서너 달! 그동안 서이는 잘 적응하고 많이 성장하고 있는 듯했다.

처음처럼 자신의 욕구가 거절당하면 무조건 확 경직되어 화내고 소리치고 떼쓰고 하던 것에서 이제는 바로 그 자리에서는 아주 상냥하게 "네네~! 선생님~^^"하고 돌아서서는 "아유, 지겨워. 잔소리…." 해서 기가 막히게도 하지만.

병원으로 가는 차 안에서 아직 한글을 거의 읽지 못하는 서이에게 "서이야, 내년에 학교도 가는데 한글 공부 좀 해보는 게 어때?"하니 "싫어요. 한글 안 배울 거예요."하는 단호한 대답이 돌아왔다. 그러더니 "중학교 때 배울 거예요."라고 덧붙였다.

"한글 모르면 학교 가서 애들이 바보라고 놀릴지도 모르는데 그래도 화나지 않겠어? 애들하고 안 싸울 자신 있어?"하니 "네. 안 싸울 거예요."했다.

"음… 중학교는 너무 늦은데. 조금만 일찍 한글 배우자~! 그래야 사회랑 자연이랑 다른 재밌는 것들도 배우지."해도 서이는 단호했다.

끝내 자신은 자기가 좋아하는 것들을 배우고 한글을 중학교 때 배울 거라며.

내가 꿈꾸었던 대안교육은 서이의 저 결정이 아무 문제 없이 존중되는 학교이다. 그리고 나는 그런 학교를 꿈꾸다 실패하고 지금의 아이들의 집을 만들어 같은 철학으로 아이들을 키우려 애쓰고 있다. 하지만 안타깝게도 우리 사회나 학교는 아이들이 스스로 선택하게 하고 실패도 인정해 주며 자신의 속도대로 성장하는 것을 존중해 주지 않는다.

서이는 또렷이 말했다.

"저는 제가 좋아하는 것을 배울 거예요. 그리고 한글은 중학교 때 배울 거예요."라고.

여섯 살 아이의 의사치고는 정말 명료하지 않은가?

그럼 그냥 받아들이고 존중하면 되는데 그러고 싶지만 나도 걱정이 된다. 우리 사회, 우리 공교육에서 아이가 잘 적응할 수 있을까 싶어서.

영국의 오랜 역사를 가진 자유 존중형 대안학교 썸머힐에 관한 책에서 한 소년의 이야기를 읽은 적이 있다. 그 소년은 어렸을 때 겨우 알파벳을 떼고는 모든 공부를 거부했다고 한다. 오직 흥미가 있던 것이 공구로 하는 작업이어서 설립자 닐의 작업실을 드나들며 기계나 공구를 만지고 늘 뭔가를 만드는 데 몰입했다고 한다. 그러다가 열일곱 살이 되던 해, 우연히 런던 공과대학의 작업실 사진을 보게 된 소년은 자신도 여기 가고 싶다는 의사를 표현했고, 그때부터 도움을 받으며 스스로 열심히 준비해서 2년 후 런던 공과대학에 성공적으로 입학했다는 이야기였다.

우리는 아이들이 자신이 무엇을 좋아하는지 어떤 성향의 사람인지 스스로를 탐구하고 알아낼 기회를 거의 박탈하며 정해진 커리큘럼의 공부를 강제한다. 심지어 노는 시간도 대부분 빼앗아 실제로 놀이를 통해 익혀야 할 많은 기능을 상실케 하고, 때로 무료함에 지쳐 무르익어야 할 상상력을 키울 시간도 거의 주어지지 않는다.

문자 그대로 과유불급의 교육이며 양육이 아닌가 하는 생각이 들지만 당장에 적응해야만 할 사회이니 어쩌겠는가? 적어도 강요하지는 않겠지만 그래서 재밌게 가르쳐 보려고 선생님께 낱말 카드를 준비해 보라고도 했지만, 나는 늘 의문이 든다.

정말 놀기만 하면 안 되나?

정말 좋아하는 것만 배우면 왜 안 되는 거지?
우리는 왜 그렇게 아이들을 키우지 못하는 걸까?
누구를 위해서? 무엇이 두려워서?
생각에 생각이 꼬리를 문다.

오늘 진료 후 들은 얘기대로 서이에게는 미술치료, 모래놀이치료 등 정서치료가 많이 필요할 듯하다. 서이에게 더 많은 긍정적 반응을 해주고 많이 많이 안아주어야 할 것 같다. 시간은 걸리겠지만 서이는 잘 성장하리라 믿는다.
  서이는 이제 겨우 일곱 살!
  그렇기에 나는 한편 다행이라고 가슴을 쓸어내린다.
  '우리에게 빨리 와주어 참 고맙다. 서이야!'

울지 않는 아이

  우리 막내 서이는 겨우 일곱 살!
  구출될 때까지 네 번의 학대 신고 후 다섯 번째에야 긴급분리 되어 학대아동 쉼터에서 몇 달 머무르다 우리 집으로 왔다.

어느 정도 시간이 흐르면서 아이는 차츰 안정되고 여러 면에서 많이 좋아지고 있다는 평을 듣다가 가족 모두와 함께 유럽 여행을 떠났다.

출발하는 날, 우리 가족 열 명과 외부에서 어머니 두 분, 청소년들 다섯 명이 공항에서 만났고, 새로운 얼굴들을 만난 서이는 언제나처럼 신이 났다.

애착결핍이 아주 심해서 거의 장애로 봐야 한다는 상담 교수님의 말씀대로 서이는 전에도 우리가 캠프를 가든 어떤 행사에 가든 새로운 사람을 만나면 단숨에 우리 가족은 뺑 차버리고 새로 만난 사람들에게 온갖 이쁜 짓을 하며 뒤도 돌아보지 않고 달려갔다.

첨엔 어이도 없었고, 쟤가 왜 저러나 했었다.

애착 결핍이 있는 아이들은 아이러니하게도 끊임없이 누군가 애착관계를 맺을 사람을 새로이 찾아 헤매는 듯했다.

스스로가 애착을 맺지 못하여 생기는 현상인데 안타까운 것은 새로운 사람이 나타나면 그 사람에게 사랑받기 위하여 기존 쌓아가던 관계는 헌신짝 버리듯 한다는 것이다.

인혜도 그랬다.

나를 통해 누군가 만나게 되면 온갖 이쁜 짓을 하고 조금만 친절하고 다정하게 대해주면 그게 자신을 정말 좋아하는 거라고 착각을 했다. 사람 간의 관계가 무르익고 이해할 절대 시간이 꼭 필요하다는 걸 전혀 이해하지 못했다.

청소년이던 인혜도 그랬으니 아직 일곱 살 서이야 말해 무엇 하랴!

출국 수속을 다 밟고 게이트 근처에서 함께 여행할 새로운 얼굴, 일행 언니들을 다시 만나자 서이는 단숨에 달려가 온갖 애교를 부렸다.

아이가 어리니 언니들도 가져온 인형도 주고 과자도 나눠주며 서이를 귀여워해 주었다.

그걸로 끝이면 좋은데 서이는 그럼 이 사람들이 나를 정말 좋아한다고 철석같이 믿으며 찰싹 달라붙어 버린다. 이리 오라고 아무리 얘기해도 화를 내고 들은 척도 않으니 나도 어찌할 수 없어 그냥 두었는데, 다음 날 긴 여정 끝에 헝가리 부다페스트 숙소에 도착할 즈음, 종일 서이의 손을 잡고 다닌 연두라는 언니의 어머니께서 나에게 다가와 불만을 털어 놓으셨다.

"첫날부터 이런 말씀 드리기 미안한데요~, 저도 어깨가 아파 딸이 큰 트렁크를 들고 내가 작은 트렁크를 들기로 했는데, 그 집 딸이 우리 딸 손을 하루 종일 잡고 다니니 제가 큰 트렁크를 끌 수밖에 없어 힘이 드네요. 어떻게 조치를 좀 취해주시면 좋을 거 같아요."라고 하셨다.

충분히 이해가 가는 내용이었음에도 솔직히 약간 짜증이 났다.

대학 입학을 앞둔 연두는 막상 아이가 좀 귀여워서 예뻐해 주었지만 이렇게까지 딱 달라붙을 줄을 몰랐을 것이다. 하지만, '어린 나이도 아니고 이제는 성인이 된 딸인데 딸이 해결하도록 딸과 얘기를 했어야 하는 게 아닌가?'가 처음 든 생각이었다.

연두도 서이가 상처받을까 봐 얘기를 못 하는 것 같다고 하시는데 충분히 그럴 수도 있다고 생각한다. 하지만 자신이 한 행동에 대해 책임지고, 아이가 버겁다 느껴지면 맘이 좀 불편하고 미안해도 연두가 서이에게 말하도록 했어야 한다.

"서이야. 미안하지만 서이 손 계속 잡아주려니까 언니도 좀 힘들거든? 이제 다른 언니 손잡고 다니면 언니가 나중에 또 놀아줄게~!" 했으면 좋았을 텐데.

철없는 초등학교 아이들 일도 아닌데, 서이를 말려달라는 그 어머니 얘기에 당황스럽고 살짝 언짢았지만 그래도 어쩌겠는가!

앞으로 보름을 같이 다녀야 할 일행이고 서이에 대한 이해가 부족한 것을 탓할 수도 없는 노릇.

함께 방에 들어가 씻고 난 후 서이에게 먼저 말했다.

"서이야. 내일은 연두 언니 손만 잡지 말고 다른 언니들이나 쌤들 손을 잡고 다녀." 했더니 단박에 "왜요? 싫어요!! 전 연두 언니 손만 잡을 건데요!" 했다.

"아니, 그럼 안 돼. 그 언니도 계속 네 손 잡아주려면 힘들고, 그 언니 엄마랑도 놀아야 해."라고 말해주어도 "아니거든요? 그 언니가 절 얼마나 좋아하는 줄 알아요?" 했다.

이때 그냥 "그렇구나~! 누가 우리 서이를 안 좋아하겠어? 그래도 그 언니 엄마가 너무 슬프면 안 되지 않을까?" 요래 말했어야 했는데, 좀 짜증이 난 내가 "서이야. 오늘 처음 만난 언니잖아. 첨 만난 사람은 다 친절한 거야~! 그걸 왜 몰라?" 하고 답답해서 말한 것이다.

서이는 씩씩거리며 아니라고 그 언니는 정말 자기를 좋아한다며 화를 냈다.

"그래도 안 돼. 내일은 우리 언니들 손잡고 다녀. 쌤들도 있잖아." 했음에도 다음 날, 서이가 다시 연두의 손을 잡고 다니길래, 우리 딸들에게 부탁을 하여 서이가 연두를 놓아주도록 부탁을 할 수밖에 없었다.

그날 이후 서이는 나에게 미운털을 콕 박았다.
여행 중에도 가끔씩 내 곁에 오면 "난 저 쌤 싫어!!!" 하며 다른 데로 쌩 가버리고, 내가 뭔가 도와주려 하면 화내며 거절하고, 끊임없이 나를 공격하고 도발하는 것이었다.

출발할 때 지니가 창가 자리 좌석을 받았다.
"지니야. 너는 몇 번 비행기를 타봤고, 창가 자리도 앉아봤으니 서이에게 자리를 양보하면 어떨까?" 했더니 망설임 없이 양보를 해주어서 서이가 창가 자리, 중간에 지니, 내가 통로에 앉았다.
서이는 처음 비행기를 타고 가는데도 전혀 두려움을 느끼는 기색도 어떤 도움도 요청하지 않았다. 이어폰을 연결해주고 만화영화를 틀어주면 정신없이 집중해서 보다가 좀 자라고 하니 잠도 잘 자고 비록 편식은 했지만 기내식도 거의 혼자서 씩씩하게 잘도 먹었다.

귀국 비행을 앞두고 표를 확인하니 단 한 사람도 창가 자리가 없었다.
지니는 자신은 양보했는데 창가에 못 앉느냐며 무척 아쉬움을 표하며 하소연했다.

마침 옆에 있던 서이에게 "서이야. 지니 언니가 양보해서 넌 창가 자리에 앉아 왔는데, 언니는 창가 자리에 못 앉게 되니 엄청 속상한가 봐. 너가 언니에게 '고마워' 해주면 좋지 않을까?" 했더니

"제가 왜~요? 전 그냥 앉혀주는 대로 앉았는데요?" 했다. 겨우 일곱 살짜리 아이의 대답에 왜 그리 화가 치솟던지. "뭐? 넌 그럼 앞으로 좋은 걸 해줄 필요가 없겠구나. 고마워할 줄도 모르니까." 하고 화를 내고 한동안 아이에게 아주 냉랭하게 대했다.

여행 내내 지니에게도 어찌나 못되게 굴고 서운하게 했던지 다녀온 후 "지니야. 넌 이번 여행에서 어느 나라가 가장 좋았니?" 했더니 독일이라고 했다.

의외였던 게 독일은 겨우 이틀 프랑크푸르트에 묵었는데 정말이지 아이들이 좋았을 일정은 아니었기에 "왜?" 하고 물어보니 "거기 유로 하우스에서 서이랑 방 따로 써서 너무 좋았거든요." 했다.

서이의 외도(?)는 공항에 도착하고 우리 가족만 남았을 때야 비로소 끝이 났다.

다시 지니 언니와도 놀아야 하니 친절해졌고, 늘 저리 가라던 다른 선생님들 손도 잘 잡았으나 끝내 내 손은 뿌리치고 시시때때로 '싫어'를 연발했다.

아무리 일곱 살짜리지만 계속해서 거부하고 밀어내는 데다 가끔 언어폭력에 가까운 말들을 듣자니 순간순간 기분이 좋지 않았다. 그러다 지난 일요일, 서이와 지니를 데리고 산바라기학교에 가서 동물들도 보고 과자도 먹고 놀다 오다가 무슨 얘기 끝에 "지니랑 서이는 그때 만난 언니들 중 누가 제일 좋았어?" 했더니 지니는 여행 내내 잘 놀았던 호두 언니가 사실은 항상 착하지만은 않았다면서 가끔 자신을 무시하고 따돌렸을 때의 설움을 토로하였고, 서이는 바로 또 "연두 언니요. 근데~ 쌤이 못 놀게 했잖아요! 씨~" 했다.

"서이야. 잘 들어봐. 내가 그러고 싶어 그런 게 아니고~, 연두 언니 엄마가 부탁하셨어. 언니도 힘들어하고, 그 엄마도 자기 딸하고 놀고 싶다고!" 다시 설명을 해주었다.

그랬는데, 오늘 출근을 해서 저녁을 짓고 있는데 어린이집과 피아노학원을 갔다 귀가한 서이가 나를 보자마자 "오늘 쌤이에요? 나 저 쌤 싫어." 하고 또 도발을 하는 것이었다.

순간 이대로 넘어가선 안 되겠다 싶어 엄한 목소리로 "서이 너, 이리로 와서 좀 앉아." 했더니 오진 않고 입 모양으로 종알거리며 욕을 했다.

"당장! 여기로 와서 앉아!" 강하게 얘기하니 "내가 왜 앉아야 하는데요?"라며 마지못해 앉으면서 여전히 입 모양으로 끊임없이 종알거리고 눈을 하얗게 흘기며 앉았다.

나는 아주 강한 어조로 "너, 그만하라고 했고, 충분히 설명도 했지? 그리고 방금 난 서이 너에게 어서 오라고 이쁜 말 했는데, 왜 자꾸 사람에게 나쁜 말 하는 거야? 응? 그럼 안 되지?" 하고 혼을 냈더니 "그럼 뭐 어쩔 건데요?" 하며 눈을 흰자만 보이게 치뜨며 입 모양으론 계속해서 욕을 했다.

"어쩌긴 뭘 어째? 욕 그만해. 네가 정 싫으면 나랑 살 수 없는 거지. 당장 네 방으로 가!" 하고 소리쳤다.

정말 무섭게 소리치고 혼도 냈는데, 아이는 눈물 한 방울 흘리질 않았다.

오히려 평정을 잃고 소리치고 혼낸 나는 가슴이 다 두근거렸다.

보나가 체기가 있어 너무 힘들다고 약을 사다 달라고 하여 겸사겸사 집을 나와 혼자 차를 타고 약국으로 가는데, 일곱 살짜리에게 화내고 소리 지르고 온통 약이 오른 내가 너무나 참담하고 자괴감이 들었다.

'이런 주제에 애들을 키운다고?' 하는 생각이 절로 들었다.

사실 그 반의반만 혼내도 지니는 어릴 때 눈물을 뚝뚝 흘렸고, 그 눈물을 안 보이려고 멀리 가서 눈물을 말리던 아이였다.

서이는?

지니랑 아무리 심하게 싸워도, 또 내가 큰소리로 혼을 내도 서이는 단 한 번도 엉엉 우는 모습을 보인 적이 없다.

단 한 번도!

돌아와 밥을 차려 "지니야. 서이 나와서 밥 먹으라고 해." 하니 방에서 나와 식탁에 앉은 서이가 "죄송합니다~ 말 안 들어서…." 했다.

순간 저게 진심일까? 싶은 마음이 스쳐 갔지만 "알았으니 밥 먹어라." 했다.

저녁을 먹고 나서 지난 일요일에 나한테 받은 500원짜리 동전 4개를 만지작거리며 초코송이를 사러 마트를 가고 싶다는 서이에게 "깜깜해서 너 혼자는 안 돼. 언니들에게 도움을 청해 봐." 했는데 아무도 같이 가준다는 언니가 없다. 서이가 계속 "초코송이 사러 가면 안 돼요? 네?" 하길래 "그래. 그럼 내가 같이 가줄게. 가자!" 하니 신나서 따라나선다.

초코송이 한 개 사서 돌아오는 길, 오르막인데 누가 먼저 가나 내기하자고 자꾸 달리는 서이 때문에 숨이 턱에 차서 집에 돌아왔다.

이제 온전히 화해가 되었는지 내일 다시 도발할지 아직은 확신할 수 없다.

서이는 강하다. 아주 많이.

그래서 내가 타깃인가 싶기도 하다.

울지 않는 서이가 나는 걱정스럽다.

아이가 아이 같아야 하는데….

너무 부족한 나는 '어찌해 주어야 저 아이가 울 수 있는 아이가 될까?' 아이들을 다 재워놓고 오래도록 멍하니 소파에 앉아 있었다.

인싸 서이 어린이집 졸업하다!

오늘 서이는 어린이집을 졸업했다.

양 갈래 땋은 머리에 예쁜 베레모를 쓰고 졸업가운을 입은 서이는 참 예쁘고 사랑스러웠다. 일곱 살 졸업생이 겨우 세 명뿐인 졸업식엔 동생들도 모두 똑같은 옷을 입고 수료식을 함께 진행해서 그나마 나아 보였다.

아이들은 차례대로 졸업장 또는 수료증을 받고, 저마다 다양한 개성 있는 상장들로 축하를 받았다. 서이는 남자아이 한 명과 공동으로 창작 예술가상을 받았다.

서이에게 딱 어울리는 상이란 생각이 절로 드는 것이 서이는 지난 재롱잔치에서 단연 돋보이는 최고의 춤꾼이자 에너자이저였기 때문이다.

오늘도 바로 아래 동생들이 졸업생들을 위해 율동과 함께 송별가를 불러주는데 맨 앞의 서이가 발딱 일어서더니 마치 율동 교사가 된 듯 동생들이 하는 율동을 똑같이 하는 것이었다. 졸업생이 부르는 노래도 가장 씩씩하게 불렀다.

그리고 졸업식이 끝났다.

서이는 단 세 명의 졸업생 중 한 남자아이를 남친이라며 그 아이를 쫓아다니다 그 아이도 떠나고 모든 행사가 끝나 동생들이 식사를 하러 원내로 가자 따라 어린이집으로 들어가려고 했다.

우리 가족끼리 식사를 하러 가자고 해도 싫다며 서이는 어린이집을 떠나고 싶어 하지 않았다.

한참을 설득하자 선생님을 한번 꼭 안고 어렵게 발걸음을 뗀 아이는 온 가족이 짜장면을 먹으며 다시 한번 졸업 축하 노래를 해줄 때까지는 그래도 기분이 괜찮아 보였다.

그러나 막상 집에 돌아와 놀다가 이제는 어린이집은 다시 갈 수 없다는 사실을 새삼 깨달은 듯 불안한 모습을 보이기 시작했다.

같이 놀던 지니에게 불같이 화를 내고 짜증을 부렸는데 이번엔 뜻밖에도 지니가 받아치지 않고 "도대체 왜 그래? 뭐가 널 짜증 나게 하는데?" 하고 부드럽게 물어서 감동을 주었다.

그럼에도 서이의 짜증은 가라앉지 않았다.

급기야 큰 언니에게선 엄한 꾸지람을, 다른 선생님에게선 부드러운 타이름을 듣던 서이는 "나한테 명령하지 말라구요! 씨~" 하더니 오늘 어린이집에서 선물로 받은 트렁크를 열더니 옷장을 헤집어 마구 옷을 담기 시작했다.

"서이야. 너… 너 뭐 해?" 하니 "나 갈 거거든요? 우리 집 갈 거라구요." 했다.

안 된다고 단호하게 말하고 옷을 빼앗아 다시 정리하고 있는데 '쿵' 하는 문소리에 돌아보니 서이가 쏜살같이 나가버렸다고 말씀하시며 선생님께서 허겁지겁 아이를 쫓아 나가셨다.

　얼마 후 서이는 선생님 손에 이끌려 다시 돌아왔다.

　불안한 모습이 역력해서 안 되겠다 싶어 아이를 데리고 집을 나섰다.

　차를 타고서야 "어디 가요?" 하길래 "그동안 서이가 어린이집을 진짜 잘 다니고 완전 인싸로 오늘 졸업까지 했으니까~ 선생님도 서이 선물 주려고. 곧 학교도 가야 하니까 스타킹이랑 예쁜 옷도 사고 그러자. 어때?" 하니 신이 났다.

　가는 길에 잔소리 같지 않게 슬쩍슬쩍 초등학교는 더 많은 친구들이 있어 서이는 더 재밌게 다닐 수 있을 거라고, 공부는 못해도 되지만 꾸준히 배우는 멋진 사람이 되면 좋겠다고, 그리고 전에 네가 말한 것처럼 좋아하는 것 열심히 배우며 즐겁게 다니면 된다고 말해주었다.

　익숙한 곳을 떠난 아쉬움과 새로운 공간에서 낯선 친구들과 새 선생님을 만나야 하는, 학교를 가야 하는 두려움이 뒤섞여 혼란스러운 아이는 감정을 제대로 표현하지 못해 짜증으로 불안을 표출한다는 걸 충분히 이해할 수 있었다.

　선물을 안아 들고 서이는 신이 나서 집으로 돌아왔다. 이제 며칠 집에서 지내다 입학식을 가야 하는데, 선물을 고르며 약속했듯이 지니 언니랑 싸우지 않고 잘 지내다 갈 수 있으려나 모르겠다.

내일은 불안함도 달래줄 겸 아이들을 산바라기에 데려가야겠다.

산양 서이의 양쪽으로 비어져 나온 배에 예쁜 아기 산양이 들어 있다는 것도 설명해 주고 이젠 가끔 꿈틀거리는 그 배를 만져도 보게 해주어야겠다.

그리고 하루쯤은 지니랑 실내 놀이터에도 가서 신나게 뛰어놀게 해주고, 내친김에 롯데월드도 한번 갔다 올까?

후다닥 달려 나가 금방 아이를 붙잡아 온 선생님에게 "아니, 애가 갈 데가 어디 있다고 그렇게 사색이 되어 금세 붙잡아 와요? 아마도 당연히 어린이집으로 갈 텐데 천천히 뒤따라갔다가 한 번 더 돌아보게 하고 데려오시지." 하니 "맞아요. 그냥 살살 따라가 볼걸. 분명 어린이집으로 갔을 거 같네요." 하셨다.

서이는 아직도 한글도 다 떼지 못했다.
그런저런 이유로 학교를 가는 게 기대되면서도 걱정이 되나 보다.

유난히 친구들을 좋아하고, 춤추기를 좋아하는 열정 덩어리 서이.

지니가 그랬던 것처럼 결국 서이도 잘해낼 수 있을 거라고 믿는다.

공부 빼곤 다 빠르다고 웃으시던 유치원 선생님 말씀처럼 공부 말고는 잘하고 좋아하는 게 너무 많은데 뭐.

똑순이 서이. 화이팅~!!

6
두 자매 이야기

정민이

정민이랑 정윤이가 왔다.

대도시 쉼터에 있다가 가능하면 먼 곳으로 보내달라고 요청하여 청정 산골에 있는 썸머힐이 선택되었다.

아이들이 먼 곳을 원한 것은 방임과 학대를 한 친부와 만에 하나 길에서 마주칠 것에 대한 공포 때문이라고 했다. 엄마가 이혼 후 집을 떠나고 의붓언니, 오빠와 아빠랑 함께 살던 두 자매는 초등학교 고학년이 되면서 친할머니랑 살게 되었고, 이 전에는 주로 방임학대를 당하였다면 이때부터 친부로부터 추행을 당하곤 했던 것 같았다.

정민이가 친한 친구에게 그 사실을 털어놓았고, 사실을 알게 된 친구의 어머니께서 놀라서 학대 신고를 해주신 덕분에 두 자매는 즉시 구출될 수 있었다.

정민이는 싹싹했고 어른들에게 칭찬받기 위하여 노력하는 예쁜 아이였다.

그전 도시에 있을 때는 가고 싶은 고등학교에 원서까지 내놓은 상황이었다는데, 우리 집으로 온 이후에는 단호히 고등학교를 가지 않겠다고 선언하여 몇 번에 걸친 상담 끝에 학교 밖 청소년으로 한번 살아보기로 결정했다. 아이는 검정고시 공부와 더불어 스스로 배우고 싶은 것을 배우면서 행복하게 지내보겠다고 했고 의지가 확고했으므로 나도 흔쾌히 동의를 해주었다.

그러나 복병은 다른 곳에 있었다.

이혼 후 집을 떠나 단 한 번도 아이들을 찾지 않다가 친부가 학대 신고를 받고 난 후 아이들과 연락이 닿았으나 아이들을 거두기를 포기한 친권자인 친모에게 아이의 의사를 전달했을 때 친모가 온갖 걱정을 늘어놓으며 반대를 했다.

들어보니 세상 살기 힘든데 그래도 고등학교는 졸업해야지 않느냐란 맥락으로 엄청나게 아이 걱정을 해주는 것처럼 말하고 있었지만 가만히 듣다 보니 자신의 높은 불안감으로 인한 잔소리에 지나지 않았다. 그런데 아무리 아이의 의사가 확고하고 나름 계획도 있으니 한번 시도해 보게 해주자고 설득하여도 친모의 반대는 철회될 기미가 보이지 않았다.

듣다 듣다 결국 한마디 했다.

"어머니, 아이가 뭔가 해보겠다고 하면 누구보다 어머니는 믿어주셔야지요. 설사 이 시도가 실패라 한들 1년 늦게 학교에 다시 가면 될 일인데, 그렇게 어머니 불안만 아이에게 전가시키시면 아이가 어떻게 자신을 믿고 뭔가를 시도해 보며 용기 있게 살아가겠습니까?" 했더니 "그렇긴 한데…." 하며 그래도 고등학교는 졸업해야 한다고 또 강변하며 굽이굽이 말이 길어졌다.

참다 참다 결국 말이 뽀족하게 나갔다.

"어머니!! 고등학교 졸업…하셨지요? 그래서 인생이 쉬우셨나요? 학교를 졸업하든 검정고시를 통해 마치든 중요한 건 어머니의 믿음과 지지라니까요?!"

강하게 말하자 그제야 친모는 마지못해 동의해 주었다.

이후로는 아이가 원서를 내놓았던 고등학교에 가서 자퇴절차를 밟고 정민이는 일사천리로 학교 밖 청소년이 되었다.

정민이는 초기에 심한 우울증과 가끔씩 친부가 나타나는

끔찍한 악몽에도 시달린다고 하소연했다. 공부를 해보려 노력하는 모습을 보였지만 불안이 너무 높은 상태여서 배움이 가능하지 않다는 걸 느낄 수 있었다.

아이는 자존감이 심하게 낮아 누구에게도 자신의 의사를 분명하게 말하거나 자신을 방어할 수 있는 힘이 없었다.

그런 정민이를 파악하고 나서 나는 아이에게 "정민아! 이제부터 넌 아무것도 배우지 마. 아무것도 하려고 애쓰지도 마. 그냥 놀아. 그냥 쉬고 싶을 때 쉬고 먹고 싶을 때 먹고 자고 싶을 때 자. 공부는 절대 하면 안 돼! 알았지?" 하고 처방을 주었다.

아이는 어리둥절, 그러나 기뻐하며 받아들였다.

실컷 늦잠을 자고 매일매일 지칠 때까지 티브이 드라마를 섭렵도 하고 간혹 산책도 나가곤 하며 지냈는데, 어느 날 외출에서 함께 돌아오다가 정민이가 그랬다.

"감사해요. 제 평생 처음으로 집 같은 집에서 사는 거예요. 홈 스윗 홈. 너무 좋아요~^^"

"그래? 다행이다. 네가 편안하고 행복하면 돼. 집은 그래야 하니까. 언제든 뭔가 하고 싶거나 배우고 싶으면 그때 얘기해."

초기에 나는 두 번인가 세 번쯤 친부의 재판에 정민이를 출석시키기 위하여 법원에 동행했다. 아이는 자신이 출석하는 재판에 절대 나를 들어오지 못하게 해 달라 요청해서 나는 아이의 친부 뒷모습만 보고 바로 퇴장당했다. 친부는 얼마 후 수년의 중형을 받고 수감되었다. 성폭행은 아니고 유사 성행위 등 추행을 당했노라는 아이의 말은 아마도 다 진실은 아니었을지도 모른다. 우리나라처럼 아동학대에 대해 형량이 너그러운 나라에서 추행 정도로 그만한 형량은 나올 리가 없기 때문이다.

정민이 말고도 아이들이 자신이 당한 학대 사실을 많이들 숨긴다. 아무리 그것이 자신의 잘못이 아니라고 얘기해 주어도 아이들은 수치스러워하고 추행당했든 방임 당했든 폭행을 당했든 그러한 학대조차 자신의 잘못인 양 위축되어 사랑받지 못할까 봐 가능한 한 숨기려 한다.

그리고 아이들의 그런 마음을 나는 십분 이해할 수가 있다. 나 자신이 비록 밥 굶지 않는 일반 가정의 막내딸로 부모가 다 계셨지만, 어릴 적 동네 오빠로부터의 단 한 번 당한 성추행을 내 나이 40이 될 때까지 한 번도 입에 올린 적 없었으니까. 예닐곱 살 적의 그 일이 마치 내가 잘못한 수치스러운 나의 약점처럼 나도 느껴졌었다. 그것을 내 잘못이 아니라고 인식하고 당당히 경험을 얘기하고 나눌 수 있기까지는 참으로 오랜 세월이 걸렸다.

실제로 인간사에서 가까울 때 털어놓는 약점이나 비밀은 언제든 나를 공격하는 부메랑으로 돌아올 수 있으니 아이들이 자신의 아픔을 숨기는 것을 굳이 말릴 생각이 없다.

다만 우리 아이들도 언젠가는 생각이 자라고 마음이 단단해져 자신들의 잘못이 아닌 어린 시절의 경험이나 고통들을 언젠가는 담담하고 당당히 얘기할 수 있는 날이 오길 바란다.

시대가 바뀌었다고 하나 그게 결코 쉽게 짧은 시간 내 가능한 일이 아닌 게 아이들이 겪은 상처들이 반복해 끄집어 내기엔 너무 고통스러운 경우가 대부분이고, 약자를 바라보는 세상 사람들의 편견 어린 시선도 익히 잘 알고 있기 때문이다.

한 해를 거의 빈둥거리며 보냈을까? 정민이는 차차 지역의 학교 밖 청소년 지원센터를 다니며 상담과 검정고시 공부, 취미활동을 시작하였다. 친부가 혹여 찾아올세라 계속 불안해서 나중에라도 아이의 소재를 찾지 못하도록 조치도 지자체를 찾아 신청하였다. 그럼에도 불안은 하루아침에 해결되지 않기에 집중이나 꾸준한 학습은 여전히 어려운 가운데서도 정민이는 고2 하반기 상당히 높은 점수로 고졸 검정고시에 거뜬히 합격하였다.

아이는 뛸 듯이 기뻐하였고 밝아졌으며, 정민이의 성취는 그 당시 내성적인 효은이에게 큰 영향을 주었다. 그래서 적응을 못 해 결석을 밥 먹듯 하며 꾸역꾸역 다니던 고등학교를 효은이까지 과감히 그만두는 결단을 내릴 수 있게 했다.

정민이는 자신감도 올라와 몇몇 곳에서 짧은 알바도 하다가 지역의 작은 업체 사장님 눈에 띄어 체험 진행자로 취업 제안을 받게 되었다. 이제 검정고시로 고졸 자격증은 땄다고 하나 겨우 고3 올라가는 어린 나이에 인턴 3개월을 거쳐 최저시급이나마 정식 월급을 받는 일자리를 제안받자 아이는 좋아 어쩔 줄 몰랐다.

나이도 아직 어리고 벌써부터 네가 돈 벌어가며 힘들게 살 필요 없다고 그리고 사는 게 결코 만만치 않다고, 우선 천천히 준비해서 다음 해 대학을 가라고 간곡히 설득했지만 아이는 귓등으로도 듣지 않았다.

이즈음, 자립을 외치며 정민이는 행동이 확 변했다.
그해 늦봄 썸머힐을 만들게 했던 보나와 보미가 우리 집에 왔는데, 이 아이들은 다른 아이들과 좀 다르게 나를 대했다. 기본적으로 믿음을 깔고 대했고 무엇보다 드러나는 차이는 나에게 편하게 반말을 했다는 것.

직장을 제안받고 자립을 준비하면서 정민이는 우선 그동안 잘 보이려고 어른들한테 해오던 예쁜 행동들을 걷어치웠다. 방도 안 치우고 화장실도 뒷정리를 안 한다거나, 자기가 쓴 컵은 스스로 씻는 규칙 등을 보란 듯이 어겼다. 그리고 또 한 가지가 나에게 처음으로 반말을 쓰며 간혹 어리광을 부렸다.

아이가 그나마 집이라고 느꼈다는 여기조차 붙어살기 위해서 얼마나 눈치껏 치열하게 살아왔었던가를 나는 그제야 느꼈고 마음이 아팠다. 그래서 아주 정도가 지나치지 않는 한 정민이의 일탈 행동들에 대해서 눈감아 주었다.

스스로 돈을 버는 기쁨, 당당해지고 자유롭고 싶어 하는 아이를 말릴 재간이 없어 나는 언제든 늦은 때는 없으니 대학을 가고 싶으면 다시 공부할 수 있다고 알려주고, 자립을 도와주었다. 정부 지원 주택을 얻어서 계약도 도와주고 이사도 해주었는데 아이는 말 그대로 뒤도 돌아보지 않고 쌩 날아갔다.

이후 아무 연락이 없으면 없을수록 아이가 잘 살고 있는 거라고 오랜 경륜 있는 선배님의 말씀이 있었는데, 그 말은 어김없이 옳았다.

내가 궁금해서 전화하지 않는 한 생전 전화조차 없던 아이에게서 1년이 채 안 되어 전화가 왔다. 내용인즉슨 인간관계가 너무 힘들어 직장을 관두게 되었노라며 찾아오겠다고 했다.

어서 오라 하여 내가 차린 따뜻한 밥 한 끼를 먹으며 아이는 이제야 내 손으로 돈 벌어 사는 것이 힘든 것도 알고, 혼자 사는 외로움도 견디기 만만찮다는 걸 알게 되었다고 했다.

정민이는 두어 달 쉬면서 공부를 할지 말지 타진을 해보다가 강남의 양식 레스토랑으로 취업을 하여 바쁘게 살며 한동안 다시 연락이 끊어졌다.

하지만 정민이는 강남에서도 1년을 못 채우고 다시 원래 다니던 직장으로 돌아와 전문 쇼콜라티에가 되겠다며 열심히 직장생활을 하고 있다. 주 6일을 식사도 제때 못 챙기며 일해서 겨우 2백만 원 좀 넘는 돈을 받지만 그 외 자립 지원비 등 도움을 받아서 약간의 저축도 하고 PT도 다니며 열심히 살더니 최근에는 자신의 바이크를 사서 자유로이 전국을 돌아다닐 꿈을 꾼다고 했다.

어린 나이에 부모의 지원이 전혀 없이 세상에 나가 외롭고 힘들 텐데도 스스로 벌어 살려고 노력하는 것만으로도 나는 정민이가 너무 기특하고 안쓰럽고 고맙다.

정민이는 다소 일찍 자립은 했지만 우리 집에서 최초로 직장을 얻어 나가 스스로 힘껏 살아내고 있는 참 기특하고 자랑스러운 딸내미다.

정민아! 언제나 너의 삶을 응원한다~^^♥

정윤이

동생 정윤이는 내 입장에서는 상당히 어려운 아이였다. 이 아이는 나와 달라도 너무 달라서 당황스러웠고, 이해가 안 갈 때도 많았고 화가 날 때도 없지 않았다. 효은이가 있을 때 효은이와 잘 지냈던 정윤이는 효은이처럼 표현하지 않고 알아주기를 바라는 내성적인 아이였다. 서운한 게 있어도 잘 표현하지 않고 바라는 바가 있어도 말하지 않다가 뒤늦게 "왜 나만….", 이런 얘기를 자주 해서 내 속을 긁었다. 진즉 말을 하지 그랬냐고 하면 "아! 됐어요….", 하면서 대화를 일방적으로 중단하고 들어가 방문을 닫아버리고 길게 방콕

하던 아이.

어려운 환경에서 자란 아이가 유난하게도 메이커 옷을 찾는 것도 맘에 안 들었고 옷이나 화장품 따위에 무관심에 가까운 내게는 이해가 어려웠던 딸내미였는데 어느 날, 정윤이를 데리고 옷 쇼핑을 가게 되었다.

우리 집으로 온 지 그리 오래되지 않은 때였다.

큰 아웃렛 매장을 가서 스포츠 매장을 거의 두 바퀴를 돌았을 때, 나로서는 듣지도 보지도 못한 메이커를 들먹이며 그런 매장이 있는 곳을 검색해 보여주는 것이었다.

아이가 하는 대로 꾹 참고 따라다니다가 결국 아무것도 살 게 없다 하여 그럼 강북 노원 쪽에 있는 아웃렛에 가보겠느냐 하니 선뜻 동의했다.

막상 서울의 아웃렛에 가보니 경기도보다 매장들도 오히려 작고 돌고 돌았던 똑같은 메이커의 매장들을 아이는 지치는 기색 없이 또 돌아보더니 많지도 않은 돈으로 위아래 딱 한 벌 꽤 비싼 옷을 샀다.

내 아이 키울 때 굳이 메이커 옷을 찾아 입히지도 않았고 아이들도 그런 걸 찾거나 요구하지 않았기에 탐탁지는 않았으나 도 닦는 느낌으로 그저 하는 대로 수용하였다.

그러나 예상대로 그 옷을 그리 오래 애정하며 입지도 않았고, 이후 수년간 정윤이가 우리 집에 살면서 용돈과 알바까지 해서 보탠 돈으로 산 옷은 과장을 보태어 한 트럭은 되지 않았을까 싶다.

유난히 번화한 신도시를 선망하고 명품이나 메이커를 중시하던 정윤이는 극도로 자존감이 낮아서 외출을 준비하다가 눈썹이 조금 잘못 그려진 거 같다는 생각이 들면
"아…. 쌤! 제 눈썹 어때요?" 물어봤다.
별 차이를 못 느끼는 내가 "응. 예뻐!" 하면
"아…. 영혼 없는 대답." 불만족스러운 반응을 하고 집을 나서지만 가다가 돌아오기도 부지기수였다.
가다 생각해도 눈썹이 이상하게 그려져서 자신이 없어서 끝내 목적지까지 못 가고 돌아왔다는 나로선 참 때로 답답했던 아이.

정윤이는 첨엔 공부를 열심히 해보겠다 했다. 학원을 보냈더니 같은 것을 다음 날, 그다음 날 또 물어본다며 학원 선생님이 짜증을 냈고 그럼 그 길로 학원은 끝이 났다.
미술학원은 그림을 곧잘 그려서 여러 번 보내 기회를 주어봤다. 심지어 좀 먼 시내로 전문 입시 미술학원도 어렵게 구한 돈으로 다짐에 다짐을 받아 보내도 단 두 달을 채운 적이

없었다.

이 학원, 저 학원, 심지어 기타학원까지 모든 학원이 한 달이면 땡 하니 첨엔 화가 났다. 그러다가 이 아이가 안 하는 게 아니고 못 하는 거구나 깨달은 것은 피자가게 알바 할 때 사장님으로부터 해고 사유를 듣고 난 후였다.

정윤이를 예쁘게 보시고 잘 가르치고 키워 자립 시 도움도 주고자 하셨던 사장님께서 어느 날 "정윤인 두 달을 가르쳐 주어도 토핑 세 가지를 제대로 못 얹고 주문을 쳐내지를 못해요….''라고 해고 사유를 말씀하셨을 때 나는 뒤통수를 땅 두드려 맞은 느낌이었다.

'아, 그동안 정윤이는 일부러 그런 게 아니고 못 한 거구나….'라는 생각이 들자 그동안 매번 한 달이면 모든 것을 끝내버리는 아이에게 화내고 혼내고 타박했던 게 미안해졌다.

이후로 나는 아이에게 마음을 많이 비웠다. 아이도 서서히 자신을 알아갔다.

문제는 아이는 열심히 알바를 했지만 알바조차도 단순한 서빙이나 주방 설거지 정도 외에 거의 할 수가 없다는 사실도 알게 된 것이다.

자존감이 극도로 낮아 자기 의견 피력도 잘 못하고, 자기

방어도 안 되고, 밥벌이할 기술을 가르치기엔 성실함이 너무 받쳐주지 않으니 나중에 자립을 어떻게 시키나 가장 걱정되던 딸내미였다.

그러다 모 대학교수님께서 어떤 사업의 자금으로 우리 집 아이들 네 명을 상담 후 검사까지 진행해 주시겠다는 고마운 제안을 주셔서 정윤이도 참석하게 하였다.

서너 달에 걸친 상담 후 통합검사를 진행하였는데, 정윤이의 결과를 듣고 절로 아! 소리가 나왔다. 정윤이는 최소 100 이상의 괜찮은 지능을 타고났으나 오랜 방임과 학대 등으로 인한 불안과 우울로 뇌가 심하게 쪼그라든 상태로 지능과 별개로 처리능력이 현저하게 낮은 60점대로 나왔다고 하셨다.

모든 것이 한꺼번에 이해가 되는 느낌이었다. 하지만 "그래서 그러면 어떻게 해주면 되나요? 뭘 해주면 아이가 나아질 수 있는 건가요?"했을 때 교수님은 꾸준히 우울증 약을 먹이면 조금은 도움이 될 거라고 하셨지만 아이는 이미 장시간 약을 복용해 봤지만 아무 효과도 없었다며 극구 거부를 하여 딱히 해줄 것이 없었다.

중2에 와서 고3 마칠 때까지 4년 반이 넘게 키웠지만 심한 피해의식, 우울감, 관계 맺기의 어려움 등 자립 준비가 부족하고 많은 문제들이 해결되지 않은 채 정윤이도 올해 집을 떠났다.
 정윤이는 능력도 안 되긴 했지만 사고 자체도 복지혜택이나 지원 등에 민감했던 아이였다. 언제나 자기는 미움받고 뭔가 늘 손해 본다는 생각을 했고, 그러니 누군가에게 베풀거나 자신의 것을 나눈다는 건 아직 어려운 상태로 자립을 했다.
 정윤이를 떠나보내며 나는 사실 나의 한계를 더 많이 인정하게 되었고 더 겸손해졌다.
 이 일을 내가 잘할 수 있다고 자신했던 게 부끄러울 만큼 아이들에게 내가 미치는 영향은 그리 크지 않을 수도 있음을 절절히 깨닫게 된 것이다.
 그럼에도 내가 최선을 다해 적어도 모든 아이들에게 공정하게 도움이 되고 그들의 편이 되어주려고 노력했다는 건 자신 있게 말할 수 있다.
 첨엔 모든 말을 속으로만 삼키던 정윤이가 나갈 무렵에는 나에게 바락바락 대들 수 있었다는 것!
 비록 피해의식으로 똘똘 뭉친 속 터지는 소리들이었지만 자신의 의사를 내비치며 따질 수 있게 된 것!
 사람 만나는 것, 지하철이나 교실 등 사람 많은 장소를 힘들어했던 아이가 스스로 돈을 벌어 신나게 써재끼며 실컷 놀아보고 나간 점! 등이 그래도 아이에게 나는 살아갈 힘을 준 것이라 자부하는 것이다.

정윤이는 학교 다닐 때 늘 스스로 죄인이었던 아이다.

학교는 정윤이도 고등 2학년 때 자퇴해서 어렵게 검정고시로 고졸 과정을 마쳤는데 정윤이가 학교를 떠나게 한 것도 나는 잘한 일 중 하나로 꼽는다.

7
세 자매 이야기

운명적 만남

세 자매 중 보나, 보미만 산바라기학교 캠프에 참여했다. 큰 언니 보리는 당시 좋은 기회가 닿아 호주에 가느라 함께 오지 못했다. 그 캠프 이후 나에게 요청하여 썸머힐을 탄생시킨 일등 공신 딸내미가 보나다.

보나를 처음 만난 건 2019년 1월 산바라기 학교의 정서치유캠프에서였다. 당시 초등 5학년 보나는 동생이랑 둘이 참가했는데 참 차분하고 야무진 소녀였다.

지금도 나는 보나가 캠프를 통해 당시 나에게 온 것이 진심으로 고맙고 기쁘다.

엄마 같은 초등생 언니

당시 캠프에는 2개의 그룹홈이 참가했는데 한 그룹홈에서는 전체가 중등 이상 청소년으로 구성되어 있었고, 보나와 보미는 타 그룹홈 소속이면서 둘 다 어린아이들이었다.

그래서 두 아이를 내가 데리고 자면서 4주간 같은 방을 쓰며 캠프를 진행했다.

첫날 밤과 다음 날 아침, 방에 들어가니 보나가 이불을 깔끔히 펴놓거나 개켜놓았다.

"응? 이건 뭐지?" 하는 게 첫 느낌이었다. 아이들은 너무 어렸고, 스스로 이불을 펴고 개키는 게 쉬운 나이도 아니었을 뿐만 아니라 그동안의 캠프에 왔던 타 그룹홈 아이들의 천방지축 어린애다운 모습과는 너무 다른 행동이라 당황스러웠다. 착한 행동이 이뻐 보인다기보다는 조금 걱정스러웠다고 할까?

"어…. 네가 이불 펴고 개는 거, 하지 않아도 돼."라고 말해주었다.

처음엔 다소 어색해서 둘이 한 이불을 펴고 같이 자던 아이들이 며칠이 지나서부터는 서로 내 곁에서 자겠다며 자리 쟁탈전을 벌이곤 해서 결국은 양쪽에 하나씩 끼고 잠을 잤다.

동생 보미는 그 당시 초1로 여덟 살이었는데, 완전 귀요미였고 아직 아기 아기 했으므로 매일 샤워해 주고 머리를 말리고 묶어주었다.

생각해 보면 지금처럼 보나는 그때도 거의 손이 가지 않는 아이였다. 스스로 씻고 대부분 알아서 잘했으며 고집 센 보미랑 달리 언니들과도 친화력 있게 지냈고 프로그램들도 잘 참가했다.

보미가 왕언니들에게 고집을 부리면서 떼도 쓰고 할 때, 캠프의 전반적인 진행 안에서 살펴보니 보나는 늘 의젓했으며 보미에게 거의 엄마 같은 존재였고, 자신보다 보미가 잘 지내는지를 우선하며 늘 촉각을 곤두세웠다.

자신도 어리고 관심이 필요한 나이였지만 늘 동생을 엄마처럼 챙기는 모습이 보여 안타까웠다. 그런 언니에게 간혹 보미가 사랑을 믿고 만만해서 무례한 언행을 할 때도 있어 한번은 내가 다소 강하게 보미를 야단쳤다.

"보미야? 누가 언니에게 그런 나쁜 말을 쓰지? 언니한테 버르장머리도 너무 없고! 응? 또 그러면 쌤이 아주 혼내줄 거야!"

보나에게는 누군가가 엄마처럼 자신과 동생의 위치를 바

로잡아 주고, 자신을 편들어 준 최초의 경험이 아니었을까 추측해 본다.

보미는 어려서 모든 참가자와 교사 전체에게 귀여움을 독차지했고 보나는 보미를 돌보면서 스스로 모든 걸 헤쳐 나갔는데 나는 그 모습이 그렇게나 짠했다.

시그널 1

그렇게 캠프가 진행되던 초기, 겨울 캠프여서 날이 추웠지만 산티아고 순례를 꿈꾸던 내가 캠프 동안 새벽 산행을 하기로 결심하고

"나 내일부터 산에 갈 건데 같이 갈 사람?" 하니 "싫어요." 하고 보미는 냉큼 말했고 "저 갈래요." 하고 보나가 선뜻 나섰다.

보나가 가면 어린 보미가 혼자 남아 있을 수는 없는 노릇, 마지못해 보미도 따라나섰다.

지금도 보미가 운동을, 그 중 특히 걷는 것을 엄청나게 싫어하는 것을 감안할 때 산행을 따라간다는 언니의 결정이 대단히 맘에 안 들었겠으나 어려서 달리 도리가 없었을 것

이다.

보나는 나를 정말 많이 따랐는데 이른 새벽 어느 날, 산행 길에 살풋 내린 눈 위에 보나가 제 이름과 내 이름을 써서 하트로 묶었던 기억이 난다. 다가올 운명에 대한 예감이었을까?

산행은 새벽이나 낮이나 밤이나 틈날 때마다 하루 한 번 진행했는데 처음엔 보나 외 전원 싫다고 했던 청소년 아이들도 하나둘 참가하기 시작했다. 그리고 캠프 마지막 주에는 아홉 명 아이들 전원이 앞서거니 뒤서거니 산행에 함께 해주어 어찌나 감격했는지 모른다. 너무 기특해서 하산 후 기꺼이 간식을 쐈던 기억이 행복하다.

둘째 주엔가 프로그램 중 하나로 아이들에게 스키 강습을 해주고 종일 스키를 탔던 날이 있었다. 그 주엔 스키를 탄 후 바로 주말 귀가를 하는 일정이었는데, 아이들이 각자 탈 차를 기다리고 있을 때 보미가 내게 딱 들리는 크기로 말했다.
"아! 집 가기 싫어."
"뭐? 뭐라고 했니?"
"아… 아니에요."라고 보미는 얼버무렸지만 보나는 유심히 그 말을 들었으리라.

어쩌면 보나가 캠프 후 귀가해서 날마다 나에게 전화해서 자기를 키워달라고 한 것은 본인보다 동생을 생각했던 것인지도 모르겠다. 아니 분명 그것이 큰 부분을 차지했을 것이다.

당시 캠프는 4주간의 일정으로 매주 금요일이면 귀가했다가 일요일 밤에 다시 복귀하는 식이었는데 아이들은 입교 첫날에는 어른들이 데려왔지만 그다음부터는 버스를 타고 귀가했다가 다시 버스를 타고 복귀했다.

귀가했다가 다시 복귀한 첫 주에 아이들의 가방을 열어보니 보나와 보미의 싸 보낸 빨래 보따리가 고스란히 열어보지도 않은 채 들어 있었다. 나는 아무 말도 하지 않고, 이후 두 아이의 빨래는 아예 보내지 않고 내가 빨아 말려서 입혔고, 모자라는 머리핀과 양말도 구입해 보충해 주었다.

내복도 딸름해서(좀 작다는 표현) 옷도 좀 사 주고 싶었지만 왠지 오버하는 거 같고 양육자에게 실례가 될 것 같아 참았다.

그래도 사람 덕분에 산다

셋째 주 일요일, 어린 두 아이가 캠프 복귀를 위해 버스를 탔다는 얘기를 듣고 하차하는 곳에서 기다리고 있는데, 예상 도착시간을 한참을 넘기고도 아이들이 오지 않았다.

그 당시 거주하던 그룹홈 원장님과 통화를 하며 오는 길이 다 외진 시골이고 밤이라 컴컴한데 엉뚱한 데 내렸으면 어떡하냐고 내가 걱정을 하니

"오겠죠~! 기다려 보세요." 아주 담담하셨다.

또 한참을 기다려도 아이들이 오지 않아 다시 연락해서 신고를 좀 하는 게 좋지 않겠냐고 하니 나보고 하라고 하셔서 일단 신고를 했다.

경찰에 신고를 해놓고 아이들이 내렸음 직한 시골마을 버스 정류장을 하나씩 거꾸로 훑어가고 있을 때 경찰관이 전화를 주셨다. 아이들이 버스를 반대 방향으로 타서 청량리까지 갔다가 돌아오는 중이니 안심하라는.

아이들에게 나중에 물어보니, 이모(원장님)가 정류장에 내려주면서 번호가 맞는 버스가 오니까 "빨리 가 타!"라고 해서 뛰어가 탔다고 했다.

아이들은 겨우 여덟 살, 열두 살이었고 늘 다니던 길도 아니었고 밤이었다. 버스가 어느 방향인지는 확인을 하고 태우셨어야 했는데 다소 아쉬운 부분이었다.

여튼 아이들은 밝은 얼굴로 돌아와서 말하길 어린아이들이 안 내리고 계속 타고 있으니까 청량리에 다 와 갈 무렵 운

전기사 아저씨가 행선지를 물어봤고 아이들이 잘못된 방향을 탄 걸 아시고는 순환버스라 다시 거기까지 가니 얘기해 줄 때까지 꼼짝 말고 앉아 있으라고 하시면서 보호자 번호를 알아내어 전화를 주신 거였다. 그 와중에 승객 중에 약간 취한 아저씨 한 분이 아이들이 귀엽다며 맛난 거 사 먹으라고 돈까지 주어 아이들은 신이 나서 무용담처럼 떠들어 댔다.

"그래도 무섭지 않았어?" 하고 물으니 "아니요~" 보나가 말했다. 잘못 탄 걸 몰랐냐고 물으니 점점 불빛이 많아져서 이상하다고 생각은 했다고.

세상에는 무섭고 나쁜 사람도 많지만 이 버스 기사분이나 취객 아저씨처럼 따뜻하고 아이들을 사랑하는 사람들이 대한민국엔 너무나 많다.

감사하고 감사한 일이다.

여담이지만, 큰아들이 초등학교 저학년 때 사정상 집에서 좀 먼 학교에 다녀 버스통학을 했었다.

하루는 학교 가는 길에 아이가 버스에서 잠이 들었던가 보았다. 깨어보니 학교는 지나 낯선 곳이라 무작정 내려서 울었다고 한다.

지나던 아저씨가 왜 우냐고 물어보셔서 아들이 학교 이름을 말하면서 "버스를 잘못 내렸어요." 하니까 친절하게 길 건너 보이는 버스 정류장에서 다시 타고 가면 된다고 몇 번째 정류장에서 내리라고까지 일러주셨다 한다.

그런데도 가지 않고 그 자리에서 울고 있었더니 왜 그러냐고 또 물으셔서 "그렇게 타고 학교 가면 버스비가 없어서 나중에 집에 못 가요." 했다고.

아저씨가 흔쾌히 차비까지 주셔서 건너가 버스를 타고 학교를 갔었노라고 긴 세월이 지나 나에게 실토 하길래, 가슴을 쓸어내리며 "그땐 왜 말 안 했어?" 하니 "혼날까 봐요." 했다.

그 후 두고두고 생각해 봐도 얼굴도 모르는 그 아저씨가 어찌나 감사하던지!! 부디 복 받으셨길 빈다!

이처럼 세상에는 나쁜 사람도 없진 않으나 우리 모두는 결국은 다 사람 덕분에 살 수 있는 거란 생각을 하게 해주었던 사건이다.

집사 간택되다

보나와 보미도 그렇게 안전하게 돌아와 즐겁게 캠프를 마무리하고 나와 헤어졌는데, 고양이 집사 간택하듯 나는 보나에게 고맙게도 엄마로 간택되었던 듯하다.

적어도 나는 그렇게 느낀다.

보나가 스스로 너무 잘했기에 오히려 별로 존재감이 없었는데, 늘 동생을 챙겨주던 그 아이의 모습은 나를 참 마음 아프게 했다. 자신도 아직 어리고 충분한 사랑이 필요한 나이에 동생의 고집과 응석을 다 받아주며 엄마 역할을 하고 있는 게 너무 안쓰러웠다.

캠프 마지막 날, 나는 아이들 모두를 데리고 사우나랑 찜질방을 갔다.

숙소에선 늘 어린 보미의 샤워랑 머리감기기를 해주었는데 사우나에서 처음으로 보나의 온몸을 닦아주고 머리도 감겨주었다.

그날 엘리베이터에서 보나가 처음으로 자신의 이야기를 들려주었다.

이혼 후 아빠가 세 자매를 일시보호소에 맡기고 다시 찾지 않아 그룹홈에서 살게 되었고, 엄마는 더 어릴 때 집을 나가서 얼굴도 잘 기억나지 않는다고.

그렇게 막 마음을 열기 시작했을 때 캠프는 끝이 났고 우린 헤어졌지만, 시간은 걸렸지만 보나의 요청과 나의 마음이 만나 결국 다시 긴 인연을 만들어 가며 보나와 보미는 내 곁에서 예쁜 딸들로 성장하고 있으니 더할 나위 없이 감사하다.

돌아 돌아 내게로 왔을 때, 캠프 때 먹지 않던 우울증약을 먹고 있던 보나는 시시때때로 불안한 모습을 보이며 울곤 했던 날들이 있었다. 보미조차 약을 먹고 있어서 도대체 왜? 물으니, "몰라. 짜증을 많이 낸다고 먹으래." 했다. 너무 쉽게 약에 의존시키는 게 아닌가 우려되었으나 아이들은 곧 약을 먹지 않고도 잘 지내게 되었다.

썸머힐에 처음 온 다른 아이들과는 달리 나와 한 달을 함께 했던 캠프의 기억 덕분인지 보나와 보미는 바로 나에게 전폭적인 신뢰를 가지고 의지해 주어 고맙고도 예뻤다.

보나는 중2 썸머힐에 오기 직전 학교폭력에 연루되어 인간에 대한 깊은 내상을 입은 상태였다. 내 편이 아무도 없는 듯한 깊은 외로움과 배신감을 아이는 겪었다고 했고 가끔 "이젠 사람들을 못 믿겠어." 하며 울었다.

한번은 불안을 비치며 우는 보나에게 어떤 경우에는 나는 너를 포기하지 않고 절대로 네 곁을 내가 먼저 떠나지 않을 것이니 안심하라고 말해주었다.

시간이 가면서 보나는 안정이 되어가며 서서히 우울감도 완전히 사라졌다.

주관이 뚜렷한 아이는 공교육을 스스로의 판단으로 극구 거부하여 중3 때 자퇴를 하고 중졸, 고졸 검정고시를 고1 때 다 합격했다. 지금은 대학을 준비하며 본인이 배우고 싶은 많은 것들도 배우며 알차게 생활하고 있다

바리스타 자격증도 땄고 제과제빵도 수준급에 국궁도 한동안 배웠고 여행도 많이 다녔다.

이제는 어엿한 아가씨 태가 나게 성장한 보나는 타고난 관리력이 있어 핑거프린세스인 내가 수시로 의지하는 썸머힐의 자랑스런 큰딸이다.

곧 멋진 성인이 될 날을 학수고대하고 있는 보나는 아직도 꿈이 수시로 바뀌고 미래를 고민한다.

자기 관리력이 뛰어나 무엇을 해도 잘 해낼 것 같지만 사람들과의 관계에 낯가림이 많고 좀 독립적인 편이라 그 부분을 잘 감안한 일을 찾았으면 하는 바람이 있다.

언제나 선생님들을 도와 요리도 잘하고 나에게 든든한 맏딸 역할을 해주는 우리 집 냥이들 엄마 보나야!

조급하지 않게 천천히 가도 너만 행복하면 된다고 말해주고 싶다.

시그널 2

보미는 고집이 셌다. 여덟 살 꼬맹이로 긴 참머리가 윤기 있게 찰랑이는 귀요미였지만 자기주장도 강해서 싫은 것은 끝까지 싫은 거였다. 예전 캠프에 왔던 왕언니들도 보미의 고집은 꺾지 못해서 대단하다 감탄하며 머리를 흔들었다.
한번은 어딜 갔다가 들어가니 언니들과 함께 있던 보미가 나를 보자마자 와앙 울음을 터뜨렸다.
내가 "왜, 왜 그래?" 하며 달려가 안아주니 언니들이 야단이었다.
"와~ 쟤 봐. 쌤 오니까 우네! 엄마 오니까 우는 거야?" 하며 놀렸다.
그랬던 것 같았다. 어린 보미에겐 늘 언니가 엄마 같았다가 처음으로 내게서 엄마 같은 느낌을 살짝 받았던 것 같았다.
캠프 중간에 귀가를 앞두고 두 번이나 내가 들을 수 있는 작은 목소리로 집에 가기 싫다고 시그널을 준 게 보미였다.

캠프가 끝나고 나는 매일같이 전화해서 우는 보나 때문에 아이들이 어떻게 사는지 궁금해졌다.
캠프 때 함께 했던 왕언니 한 명과 보나, 보미의 그룹홈에

맛있는 빵을 사 들고 찾아갔던 날, 세 아이를 데리고 나와 밥을 한 끼 먹여 다시 집으로 데려다주던 차 안에서 옆에 앉은 보미가 내 팔을 잡고 물었다.

"할머니는 얼마나 살아요?"

"뭐?"

"할머니들은 얼마나 오래 사냐고요."

"어…. 음…. 그게 다 다르지? 백 살까지 오래 사는 사람도 있고, 아파서 일찍 돌아가시는 분도 있고."

대답을 그렇게 하고 아이들을 내려놓고 돌아와 그 질문을 생각해 보니 기가 막혔다.

보미에게는 그때도 염색을 절대 하지 않아 흰머리가 많은 내가 할머니 같았고, 자신이 내게로 오면 내가 얼마나 오래 자신을 키우고 지켜줄 수 있을까 염려했던 것 같았다.

여하튼 이렇게 나는 영광스럽게 내 딸들에게 간택되었다.

그랬음에도 썸머힐의 개소 후 파란만장한 역사 탓에 내게로 오기로 한 첫 시도가 불발되고 만 2년이 지난 초등학교 4학년 봄, 뒤늦게 집을 옮기게 된 보미는 오랜 친구들을 떠나기 싫어 울고불고 난리를 쳤다.

결국은 집을 옮겨도 다니던 초등학교를 그대로 다니게 해준다는 흰소리를 듣고야 마지못해 언니를 따라왔다.

그러나 초딩은 초딩인지라 막상 도착해서 둘이 사용할 방의 이층침대를 보자마자 보미는 언제 떼쓰고 울었냐는 듯 해맑은 얼굴로 자신이 2층 쓸 거라며 신나 했다.

다만 속마음을 얘기할 수 있게 합니다

도착한 날 저녁 무렵 보나가 내게 물었다.
"저… 내일 바로 학교 가야 해요?"
"음… 왜?" 하니
"저 사흘만 쉬었다 가면 안 돼요?" 했다.
"그래. 교복도 준비해야 하고 집에도 좀 적응도 되고 가도 좋겠지. 그렇게 하자."
나는 흔쾌히 허락을 했다.
다음 날 아이가 등교를 않자 난리가 났다. 그게 왜 난리가 날 일인지 나는 이해할 수가 없었는데, 전에 살던 집 원장님이 아이가 등교했는지를 확인했던가 보았다.
그곳에서는 아이들이 지각도 절대 안 되고 결석도 절대 할 수 없었다는 얘기를 그제야 들었다.

나와 많이 다른 양육 또는 교육관이셨던 것 같긴 했다. 적응 시간도 좀 주고 교복과 학용품도 좀 준비하고 보내겠노라 했건만 학교에서도 결석 처리를 말하며 등교를 종용하였고, 전 시설과 학교 양쪽에서 전화를 받은 지자체 팀장님도 빨리 학교를 보내라고 성화를 하셨다.

나는 그래도 별로 대수롭지 않게 생각하고 결석 처리가 되어도 괜찮은지 보나의 의견을 물어보고 상관없다 하여 허락한 대로 3일 쉬고 등교하기로 했다.

아이가 온 지 사흘째 되던 날 학교에서 교사 두 분이 가정방문을 나왔다.

그런 일이 이전엔 없었던 탓에 "뭐지?" 하고 있는데 선생님들께서 아이들이 쓰는 방에 들어가 아이들 옷장과 서랍장을 사전 양해도 없이 일일이 열어보기까지 하셔서 살짝 불편한 기분이 들었다.

그러다 끝내 지자체 팀장님으로부터 "대표님. 빨리 학교 안 보내시면 아동학대로 신고당하실 수도 있어요!" 하는 전화를 받았다.

아이의 의견을 존중했을 뿐인데, 나에게 학대 운운하는 게 어이가 없었고 화도 났다.

약속대로 사흘을 쉬고 나흘째, 보나와 보미가 등교를 시작하면서 일단락된 사건이지만, 아이들을 학교에 보내는 것은 부모의 의무이기도 하지만, 공교육이라 해도 엄연히 아이나 부모가 선택하거나 선택하지 않을 수 있는 권리라고도 나는 생각한다. 물론 다양한 대안학교가 안정적으로 자리 잡지 못한 우리나라에서 다른 선택지가 별로 없긴 하지만 그렇다고 해서 공교육에 대한 무작정 강제도 민주국가의 원칙에 위배되는 것이 아닌가?

아이 의사에 따라 단 사흘 학교를 늦게 보낸다고 분명 전달을 했음에도 학대 신고 운운하는 소릴 들으니 상당히 불쾌했었다.

아이들을 위한다며 많은 것들을 강제하고 강요하는 게 당연시되는 우리 사회의 일면은 좀 우려스럽다.

그래서 때로 어떤 행위들은 상당히 심각한 학대임에도 전혀 학대인 줄 모르고 행하는 사람들이 매우 많다는 게 우리나라 비민주적 양육의 보편 현실이 아닌가 싶다.

그 가장 대표적인 것 중 하나가 학습학대라고 생각되는데 단 한 명도 똑같은 사람이 없음에도 종일 같은 것들을 배우도록 강제하고 줄 세우고 가두는 학교와 끝없이 성적을 강요하는 일부 부모가 오히려 아동학대를 행하는 게 아닌가란 엄청난(?) 생각을 잠시 했었다.

아이들은 자신들의 판단이나 결정이 존중받을 때 자존감이 살아난다. 가끔은 잘못된 판단이나 결정으로 실패를 좀 하면 또 어떤가? 그로 인해서도 뭔가를 배우지 않겠는가? 자신의 결정에 대한 책임까지 스스로 인식할 수 있게끔 도와주며 결정은 스스로 내리게 하는 게 맞다. 내게 가장 좋은 것을 내가 결정해야지 왜 남이 정해주어야 하는가? 심지어 원치 않아도?
 어른이 항상 아이보다 지혜롭다는 생각은 위험하다.
 그리고 거듭 얘기하지만 인권의 크기에는 나이가 없다. 한 살 아이의 인권이나 백 살 어른의 인권이 동등하다.
 따라서 한 인격체로서 아이들의 의사에 귀 기울이고 동등한 입장에서 존중해 주는 것이 옳다.

실패할 자유도 너에게 있어

 그렇게 등교를 시작하여 1학기를 마친 후 보나가 강력히 학교를 거부하기 시작했다. 당시 보나의 반에는 도저히 선생님도 어찌지 못하는 악동이 하나 있었다는데, 아이의 말에 의하면 그 아이가 온갖 말썽을 부리고 수업 방해를 해도 선생님은 거의 아무런 조치를 못 하신다고 했다.
 그래서 수업을 거의 못 할 때가 더 많은데 학교를 왜 다녀야 하냐고 강변했다. 물론 그것만이 보나가 학교를 거부한 모든 이유는 아님을 안다. 아이는 근본적으로 우울했고 학교에 대한 거센 반발심과 신뢰가 완전히 무너진 상태였다. 그런 아이를 강제로 계속 학교에 보내는 것은 학습을 위해서도 정서면에서도 당장 도움이 되지 않을 것이라 판단되었다.

 보나의 학교에 대한 불신은 이전의 사건에서 비롯되었다. 보나는 우리 집 오기 전 다니던 학교에서 친구간 관계 문제로 인한 다툼이 학폭으로까지 번진 일의 가해자였다. 그리고 사건이 발생했을 때 상대 아이의 엄마는 길길이 뛰며 학교에 찾아와 자신의 아이가 얼마나 상처받았는지 강조하며 보나를 강제 전학시키지 않으면 가만있지 않겠다고 난리를 쳤다고 했다. 그때, 선생님들 중 누구도, 키우던 이모도, 오랜 친구들도 아무도 무조건적인 보나의 편은 없었던 듯했다.
 보나의 얘기를 들었을 때 나는 아이가 잘못한 부분이 당연히 있었음을 알았다. 하지만 왜 친구들을 이간질하는 그런 행동을 보나가 했는지 충분히 이해할 수가 있다.
 내재된 상처와 결핍으로 인해 자신의 것을 지키고 싶어 잘못된 방법을 쓴 아이에 대해 우리가 행위만 보고 판단하고 단죄한다면 오직 법리에만 따라 판결하는 판사와 다를 것이 무엇일까? 아이들을 키우는 우리들은 더 깊이 근본 문제를 들여다보고 궁극적인 개선을 위한 도움을 주려고 노력해야 한다.

그러나 내가 느낀 바로는 보나는 행위에 대해 비난받고 단죄받았으며 아무에게도 진정으로 이해받지 못했기에 '그럼에도 네 편!'이 되어준 단 한 사람이 없었던 것 같았다. 그 많은 선생님들부터 오랜 친구들도 긴 세월 키워주신 양육자까지.

대신 사과하고 아이를 감싸고 잘못을 했지만 널 이해하고 사랑한다고 말해주는 단 한 사람이 없었기에 이후 아이는 몹시도 외롭고 긴 힘든 시간을 보내야만 했다.

학교에서 요하는 자퇴 숙려과정을 거쳐 보나가 중2 말 자퇴를 하자 전학 후 적응을 힘들어하던 보미까지 언니를 따라 하차하여 그다음 한 해를 두 아이는 오로지 나만 쫓아다니며 홈스쿨링 겸 대안교육을 받았다.

이 시기에 아이들은 차차 정서적으로 안정되었으며 이듬해 나는 아이들에게 학교를 다시 고민해 보게 하였다.

보나는 고등학교로 진학하지 않겠다는 최종 결정을 하여

학교 밖 청소년을 지속하기로 하였고, 보미는 자신의 결정에 따라 다시 학교로 돌아갔다.

다행히 보미는 시험을 거쳐 제 학년이 그대로 유지되었고, 이번에는 친구들도 많이 사귀고 아주 즐거운 학교생활을 하다 이듬해에는 장학금과 많은 상장을 받으며 행복한 모습으로 초등학교를 졸업했다.

보미는 이제 키가 나보다 한 뼘은 큰 어여쁜 숙녀가 다 되었다. 중학교 가서도 좋은 교우관계를 유지하며 다양한 취미활동, 특히 음악 활동을 좋아해서 밴드부 등 두세 가지 활동을 하며 1년 넘게 꾸준히 기타학원도 다니고 상위권의 성적도 유지하고 있다.

보미의 가장 큰 장점은 성실함이다. 언니와 달리 지독하게 덜렁거리고 자기 관리력이 없는 보미는 여전히 언니의 세심한 보살핌을 받으며 잘 성장하고 있다.

가끔 한껏 여드름꽃이 핀 사춘기 소녀답게
"아!! 어쩌라고~!"소리치며 꽝! 문을 닫아버리기도 하지만 그때뿐. 사실은 속 깊고 정도 많은 예쁜 소녀로 모든 가족으로부터 사랑받는 게 보미의 현주소다.

이제 북한도 막아준다는 중2 인지라 살짝 걱정도 되고 아직 긴장되는 게 사실이다. 하지만 나는 믿는다.

많은 이들의 사랑과 믿음을 딛고 보미가 힘차게 날아오를 것을!

맏언니 보리

보리는 세 자매 중 맏언니이다.

아마도 떠난 엄마나 끝내 양육을 포기한 아빠를 가장 분명히 기억할 테고 그만큼 가장 많이 아파하지 않았을까 싶은 생각도 든다.

보나와 보미가 캠프 참석을 할 때 보리는 좋은 기회가 생겨 호주에 다녀왔다고 했다.

그리고 2년여 세월이 지나 마침내 보나와 보미가 우리 집으로 오게 되었을 때 보리는 홀로 뒤에 남겨졌다.

나는 세 자매를 떨어지지 않게 해달라고 지자체에 요청을 해지만 거부되어서, 당시 우리 집이 인원이 차 있어서 그런 줄로만 알았다. 하지만 일시적으로 인원 초과를 봐주는 사례를 본 적 있어 아이들이 함께 살게 해달라고 재차 한 내 요청은 가볍게 묵살되었다. 나중에 알고 보니, 세 아이가 뭉치면 더 말썽을 부린다고 하여 아이들을 떨어뜨려 놓은 거라는데 도대체 누구의 발상인지 어이가 없었다.

아이들이 가끔 싸운다고, 또는 말썽을 부린다고 일반가정에서 애들을 뿔뿔이 흩어버리진 않지 않는가?

전쟁이 난 것도 아닌데 왜 멀쩡한 형제자매들이 떨어져서 성장해야 하는지 이해하기 어렵고, 부모 복 없는 아이들인데 그나마 서로라도 의지가지가 될 수 있도록 함께 자라도록 하는 게 최선일 것 같다.

보리는 뮤지컬 덕후다.

뮤지컬배우를 꿈꾸기도 했던 이 아이는 아르바이트해서 버는 돈의 대부분을 관람에 쏟는 정도로 뮤지컬을 좋아한다.

좀 모으면 좋을 텐데 하는 꼰대스러운 생각도 잠시 들지만, 한때 정윤이가 끊임없이 원 없이 옷을 사재꼈듯이 좋아하는 것, 그것도 뮤지컬인데 좀 과한들 어떠랴 싶다.

그저 동생들과 자주 만나고 밝게 행복하게 지내는 모습이면 족하다.

보리는 만 20세가 넘어 성인이 되었으므로 자신이 원하면 친부모의 소재지를 얼마든지 알아볼 수 있고 찾아가 만나볼 수도 있지만 그렇게 하지 않고 있다.

너무 긴 시간이 흘러 만남이 두려울 수 있고 원망이 커서 보고픈 맘을 이기고 있는지도 모르겠다.

이해받을 수 있는 양육포기란 없다

처음에 보나로부터 사연을 듣고 나는 아이들의 부모님을 이해하려 했었다.
빈곤에 허덕이며 자주 싸우다 이혼하고 떠난 엄마도 감당하기 힘든 아픔이 있었겠지 했고, 끝내 혼자 올망졸망 어린 세 딸을 맡게 된 아빠도 어찌 쉽게 감당할 수 있었으랴 생각하며 일시보호소에 맡겼다 끝내 찾지 않은 친부도 그럴 수 있다고 생각을 했다.
하지만 그게 꼭 정답이 아니란 것을 뒤늦게 깨달았다.
아내가 병들어 가평에 들어온 한 가족이 있었다. 몇 년 지나지 않아 병마에 아내를 잃고 그 아빠도 일곱 살, 아홉 살, 열한 살 올망졸망 어린 세 아이랑 남았다.
그 아빠는 아내가 떠난 후, 직장을 그만두고 한 부모 가정으로서 수급자 신청을 하여 가난하지만 최선을 다해 아이들 뒷바라지를 하였다.

얼마 전 그 집 낯가림이 어마어마하게 심했던 귀여운 막내 딸이 이번에 중학교 입학을 앞두고 있단 소식을 세상 떠난 아내에게 전하는 그 분의 글을 읽었다.

아름다운 사연이었고 행복한 가정이었다.

자본주의 사회에서 우리는 종종 무엇이 진정 소중한지를 잊는 것 같다.

현란한 현대사회에서 좀 더 문명의 이기를 누리고 내 삶을 최대로 누리고 싶다고 진짜 소중한 것들을 너무 쉽게 손 놓아버리지는 않는지?

살아보면 인생 그리 길지도 않은데 말이다.

8
가족여행 이야기

나는 나의 딸들이 당당하고 행복한 어른으로 자라게 하고 싶다.

아이들의 자존감을 회복시키고 당당한 어른으로 성장하는 걸 돕는 한 방편으로 나는 아이들과의 여행을 늘 준비했다.

최초의 하늘 여행은 제주도로 가는 가족여행이었다.

막내 지니가 여덟 살이 되었고 초등생이 되었으나 그때까지 한 번도 비행기를 타보지 못했으니 지니에게 비행기를 타는 경험을 주고 싶었던 게 제주 여행의 첫 동기였다. 다행히 그 해 지원한 사랑의 열매 방학 프로그램에 선정되어 지난 2023년도 늦여름에 온 가족이 일주일간 제주 월정리에서 아주 멋진 추억을 쌓고 돌아올 수 있었다.

언니들은 출발 전 한동안 지니에게 비행기 탈 때는 꼭 신발을 벗고 타야 한다고 누누이 일렀으나 지니는 결국 속지 않았다. 하지만 창가에 딱 붙어 구름과 바다와 땅을 코 박고 내려다보던 지니의 모습은 아주 사랑스러웠고 뿌듯함을 안겨주었다.

그리고 그다음부터 나는 아이들을 데리고 해외로 갈 계획을 세웠다. 생활비를 좀 아끼며 여행경비를 모으기 시작했을 때 아이들은 그다지 환영하지 않았다. 충분히 넉넉히 먹임에도 더 많은 고기를 먹고 더 많이 옷을 사고 용돈도 풍족히 쓰고 싶어 하며 여행 따위 가고 싶지 않다고도 했다. 하지만 나는 일찍이 해외에서 살아보고 적지 않은 여행을 다녀본 자의 경험으로 아이들의 그런 불만은 '단지 고기를 먹어보지 못한 자'의 의견일 뿐이라 일축했다. 고기도 먹어본 사람이 먹는다는 말은 틀림없는 진실이며 여행 또한 가봐야 좋은 줄을 안다는 말이다.

한 해를 아껴 모은 돈으로 작년 2024년 2월 말에 첫 해외여행으로 태국을 다녀왔다.
패키지로 가서 나는 별로 기억에 남은 것도 없는 듯하고 음식도 완전히 맞지는 않아서 그저 그랬는데 아이들은 모두 엄청 만족했다.

낯선 나라, 낯선 문화를 접하고 새로운 음식을 먹어본 것은 내 예상대로 아이들의 시야도 넓혀주었고 만족감도 기대 이상이었다. 태국의 문화와 역사를 접하고 다양한 음식을 맛보고 최초의 마사지를 받은 기억들, 그리고 바닷가에서 하루 진하게 놀았던 추억들이 모두 좋았노라고 아이들은 입을 모았다.

첫 해외를 다녀온 이후 즉시 매달 조금 더 많은 금액을 떼어 여행 경비를 다시 모으기 시작했고 선생님들도 함께 여행 적금을 붓기 시작했다.

이번에는 아무도 여행 경비를 모으는 것에는 반대하지 않았다. 다만 다음 여행은 내가 야심차게 유럽으로 정했더니 큰 딸내미들은 무슨 유럽씩이냐며 일본을 가자고 가끔 투덜대는 정도였다.

하지만. 난 내가 살아보았고 다양하게 다녀본 유럽 여러 나라의 문화를 내 아이들에게도 꼭 경험하게 해주고 싶었다.

처음에는 아이들의 정서적 치유 및 성장을 위해 내 버킷리

스트 중 하나인 산티아고 순례길을 아이들과 함께 걷는 일정을 주로 할 계획이었다. 그리고 출발지인 파리와 도착지인 포르투갈을 어느 정도 둘러보는 일정을 보낼 생각이었다.

하지만 언제나 계획은 계획일 뿐!

여러 가지 돌발 상황에 의해 겨우 여행 경비도 3분의 2 정도 모인 시점에 우리의 여행은 겨울 방학 동안 유럽 5개국 배낭여행을 가는 것으로 내용이 바뀌어 급물살을 타게 되었다.

우리의 여행계획이 급변한 것은 여행을 기획한 지구여행학교 조태경 선생님의 획기적인 제안(소정의 할인 등)과 학기 중에는 그렇게 오래 절대 학교를 빠질 수 없으니 겨울에 가는 것에 적극 찬동한 딸아이들의 강력한 지지 덕분이었다.

그렇게 갑자기 결정된 여행을 위한 비행기 비용부터 일단 보낸 후 나는 나머지 적지 않은 비용 마련을 위한 고심에 빠졌고 결국 다시 도움을 주실 천사들의 긴 명단을 작성하고 막 다이얼을 돌리려고 하는 찰나, 12월 3일 그 말도 안 되는 계엄이 선포되었다.

시국은 비상하게 흘러갔고 그 와중에 나는 차마 "아이들 데리고 놀러 갈려고 하니 돈 좀 보태주세요!" 하는 말을 입도 뗄 수 없었다.

그러나 시간은 어김없이 흐르고 1월 중순으로 예정된 여행은 빠르게 다가와서 12월 중순 이후 어렵사리 후원 모금을 시작했다. 내가 우려한 것은 혹시라도 "아니 그런(?) 아이들에게 무슨 유럽 여행씩이나 시켜주나요?"라는 반응이었다.

하지만 놀랍게도 내 기우였음을 확인할 수 있었고 오히려 많은 이들이 격려해 주시며 이 시국에 아이들과 이런 여행을 간다니 자신이 신난다고 기뻐하며 기꺼이 도와주신 분들이 대부분이었다.

그렇게 우리 가족이 헝가리와 폴란드. 독일, 프랑스, 스페인까지 5개 나라를 16박 17일 일정으로 다녀오는 유럽 여행의 기적이 이루어졌다.

따뜻하고 고운 사람들이 사는 참 좋은 우리나라, 멋지지 아니한가!

유럽에서의 문화 충격은 아이들에게 정말 좋았다.

여러 가지 사건 사고들도 있었고, 아파서 고생한 분들도 있었지만, 배낭여행으로 다소 고생도 하고 스스로 길을 찾아다니며 계획하고 헤매어 보는 여행이었던지라 이제 우리 딸들은 외국에서 구글맵 하나면 두렵지 않게 다닐 수 있다는 자신감이 충만하다.

맏딸 보나는 조만간 일본 여행을 친구랑만 간다고 이미 여권 발급을 마친 상태이고 대학 가서는 혼자서 꼭 다시 유럽 여행을 갈 거라고 계획해서 나를 뿌듯하게 해주었다.

세상은 넓고 갈 곳은 많아서 나는 아이들과의 또 다음 여행을 꿈꾸며 가슴 설레고 있다.

에 필 로 그

아직 못다 한 이야기

그룹홈을 만들어 아이들을 키운 지 만 6년이 지났다.

어찌저찌 사회복지사 자격증은 막연한 예감에 준비되어 있었으나 내 아이들을 키우고 학원과 대안학교를 운영하며 평생을 아이들과 함께해 왔지만 사회복지사로서의 경험이나 경력은 전무한 상황에서 덜컥 아이들의 집을 만들었다.

공동생활가정이라고도 불리는 그룹홈은 설치며 운영이 간단치만은 않은 일이었다.

모르니 용감하게 만들었지만, 나보다 조금 앞서 만들어 아이들 훌륭하게 키우던 이웃 지자체 그룹홈들이 순식간에 사라져 버리는 일을 목도하였고, 알아갈수록 아주 작은 공간이지만 조직을 운영하며 아이들 키우기가 만만치 않음을 절감한다.

　그룹홈은 아직까지는 절대적으로 필요한 시설이다. 전쟁 고아들이 넘쳐나던 때에서 70여 년이 흐른 지금, 나라는 엄청나게 발전해서 부자가 되었건만 아직도 국가가 돌보아야 하는 아이들은, 아이들의 절대 수가 줄었음을 감안한다면 가슴 아플 만치 상당한 수치이다.

　다수가 빈곤으로 인한 유기나 방임, 학대로 인한 구출로 발생한다는 사실을 고려하면 촘촘한 사회 복지망의 중요성은 말할 것도 없고, 공동체의 와해와 물질만능 인간 소외의 우리 사회의 민낯에 주목하지 않을 수 없다.

　그럼에도 예전에 사설 영어 학원을 운영하면서 과도한 학업에 고통받는 아이들, 공부만 강요하는 부모들의 행태를 보면서 학원을 운영하면서도 역설적으로 모든 학원이 사라지는 세상을 꿈꾸었듯이 나는 이제 이 나라에서 언젠가는 모든 그룹홈이 필요 없어질 그날을 꿈꾼다.

　그룹홈은 현재는 법인이 설립하는 것을 원칙으로 하고 있으나 5~6년 전까지만 해도 개인이 설립 가능했다. 그리고 현재 운영 중인 그룹홈들 중 과반수 이상이 아직까지는 개인이 설치해서 운영 중인 곳들이다.

그룹홈은 애초에 요보호가 필요한 아이들을 거둔 개인 양육자들에 의하여 처음 만들어졌는데 일반가정과 같은 환경에서 보다 나은 정서적 안정, 시설아동이라는 낙인화 방지 등 장점이 부각되면서 나라에서 정식 소규모 시설로 신고하게 하여 국가지원을 시작한 역사가 있다.

그룹홈 유감 1. 과도한 행정회계업무 및 시설화

초기의 그룹홈 설립자들이 내 집에서 요보호 아동을 가족과 함께 살며 키우던 것이 이제는 가족과 함께 사는 것이 금지되었다. 몇몇 사건 사고가 터지면서 취해진 조치인데 이 조치로 인하여 그룹홈이 일반 가정과 같은 환경에서 시설로 가는 고속열차를 탔을 거라는 건 쉽게 유추가 가능하다. 엄마와 아빠, 가족이 있는 환경에서 이제는 출퇴근하는 보육사들이 돌아가며 아이들을 돌보는 시스템인 데다 점점 과중해지는 행정업무에 치이다 보면 아이들에게 진정한 내 집을 만들어 주고 싶었던 나는 많이 혼란스럽기도 했었다.

제대로 경력을 쌓지 못한 상태에서 그룹홈을 만든 내 문제이기도 했겠으나 아이들 키우는데 이렇게나 많은 행정과 회계업무를 하라고 했으면 나부터 내 아이들 하나도 낳지 않았을 거라는 한탄을 진심으로 했을 정도이니 말이다.

그룹홈을 시설화로 몰고 간 것은 국가인데 요즘은 또 가정위탁을 더 장려하고 우선하는 분위기라는 것도 참 아이러니하고 웃픈 상황이 아닌가 싶기도 하다.

그룹홈 유감 2. 주거 공간의 안정성 및 지속성 부재

그룹홈은 개인 또는 법인이 공간을 직접 마련하여 신고·설치하는 곳이다. 그렇다 보니 개인 설립자가 정년이 되어 퇴직을 하게 되면 주거 공간의 안정성 및 지속적 양육에 문제가 발생하게 된다. 국가가 책임져야 할 아이들을 키우는 공간을 나부터 개인의 사재로 준비하여 운영 중인데 최근 들어서야 이 주거 안정성 문제에 대하여 겨우 관심을 호소하며 정책적인 지원 필요성을 알리기 시작했으니 그 성과는 언제쯤이 될지?

그룹홈 유감 3. 주양육자 정년 퇴임으로 인한 그룹홈 가정 해체

또 하나의 그룹홈 유감은 설립자의 만 65세 정년 퇴임 문제이다. 고령화 시대에 미국, 일본 등 선진국에선 이미 많은 분야에서 정년 자체가 없어졌다고 알고 있는데, 아이들의 부모로서 존재하는 그룹홈 시설장을 65세까지로 정년을 규정한다는 것은 엄마를 쫓아내는 것과 유사하여 결국은 그룹홈 가정이 와해되어 안정을 찾아 살던 아이들을 다시 낯선 곳으로 뿔뿔이 흩어지게 하는 결과가 작금의 현실이다.

정년 연장이 재정에 관계되므로 쉽사리 가시화된 성과가 나오지 않고는 있으나, 정년 이후 임금 동결로 특례 고용으로 가는 등 방법을 모색하여 결국은 우리가 가야 할 길임은 누구도 부인할 수 없을 것이라 생각한다.

그룹홈 유감 4. 열악한 임금 처우 문제

만약 아이들을 키운다는 꿈을 애초에 가지지 않은 채 복

지사를 취득하고 일을 구한다면 누구도 선뜻 그룹홈에서 일하지 않을 것이란 얘기를 나눈 적이 있다. 그도 그럴 것이 오랜 세월 그룹홈 종사자들은 노인이나 복지관 등 다른 분야 종사자들과 달리 호봉제가 적용되지 않아 기초시급만 적용되는 최저시급만 수십 년간 받아왔으며, 현재까지도 차별적 임금 격차에 각종 수당, 직원 복지 등이 상당히 열악하고 지역별, 지자체별 차이도 크다는 문제점이 있다.

 좀 늦은 나이에 아동 복지 쪽에서 일하게 된 나는 당황스러운 면들을 접하고 왜 이리 아동 복지 분야는 지원이 열악한가를 짚어보았는데 대부분이 정치의 문제라고 말씀하셔서 깜짝 놀랐다. 아이들은 투표권이 없으니 표에 예민한 정치인들의 관심사에서 아무래도 벗어난다는 것인데 이 아이들이 살아갈 내일이 우리 모두의 미래를 규정함을 깊이 고려한다면 이 얼마나 답답하고 근시안적인 사고인가 싶은 것이다.
 또한 사회복지사가 되기는 크게 어렵지 않다 하여도 그룹홈 운영이란 게 결코 아무나 할 수 있는 일은 아니다. 마음이 힘든 아이들 관리에 직원 관리, 학대 당사자 부나 모 혹은 양육포기엔 동의했으나 친권은 행사하고 싶어 하는 부모 관리에다 마지막으로 함께 가야 할 지자체 공무원과의 호흡까지 고려한다면 절대 함부로 뛰어들 만만한 영역은 아닌 것이다.

즉 나름대로 다 아이들에 대한 특별한 소명 의식을 가졌기에 지금까지 가장 아프고 힘든 아이들을 맡아 열악한 처우조차 묵묵히 감내하며 30여 년 그룹홈 역사를 써오신 많은 분들을 우리는 꼭 기억해야 한다.

그룹홈 유감 5. 학대아동 보호법의 한계

우리나라 혈연 중심 문화의 몇 가지 문제점을 짚어보며 이 글을 마무리하고자 한다.

혈연을 중시하는 우리나라는 학대에서 구출된 아동의 보호 및 양육에 다소 어려움을 초래하는 허술한 보호법을 시행하고 있다고 느끼는 부분이 있다.

최근에 모 그룹홈에서는 청소년을 위한 캐나다와 미국을 가는 해외연수 공모사업을 신청하여 어렵게 선정이 되었으나 연수를 보내지 못한 사례가 있었다. 나의 부러움을 샀던 그 원장님께 나중에 들은 바로는 친모의 동의를 얻지 못해 끝내 아이를 연수에 보내지 못했다 하여 나는 깜짝 놀랐다. 이유를 들어보니 학대로 구출되기 전, 단 한 번이라도 친부모에 의하여 여권이 만들어진 적이 있으면 부모의 동의 없이는 시설에서 여권을 만들어 줄 수가 없도록 법이 되어 있다고 했다.

믿기 어렵지만 연수당사자 아이의 친모는 끝끝내 아이의 여권 신청에 동의를 해주지 않았고, 원장님은 애가 타서 모든 기관을 쫓아다니며 할 수 있는 노력을 다해보았으나 방법이 없었다고 하셨다. 아이에게 너무나 미안해하시면서 원장님은 결국 이번 기회에 다른 몇몇 아이들까지 포함 정식으로 법원에 법적 후견인 신청을 하셨다고 했다.

너무 안타까워서 도대체 아동의 친모가 왜 동의를 해주지 않은 거냐고 물었더니, 친모의 입에서

"그 아이는 그런 연수를 갈 자격이 없다."고 하더란 답을 들었다. 보통의 부모라면 이해하기 어렵지만 이것이 자신의 학대 행위를 아이 탓으로 돌리는 학대부모의 전형적인 반응일 수 있다는 것이다.

아이가 구출되고 학대라는 법원의 판결을 받아도 우리나라의 학대 부모에 대한 처벌은 정말 경미하다고밖에 표현할 수 없을 만큼 약하다. 아이가 죽지 않는 한, 심각한 장기간의 학대로 아이는 심신이 타격을 입어 평생을 힘겹게 살아갈 수밖에 없음에도 학대를 저지른 부모들은 거의 실제적 형을 받지 않는 것으로 안다. 다른 자녀가 있다는 이유 등으로 그저 길지 않은 학대 예방교육을 받으면 또 정말 길지 않은 시간 내에 아동에 대한 면접권까지 신청할 수가 있게 되어 있다.

이것은 학대를 경험한 아동의 보호에 너무 안일한 대응이라고 생각하는 것이 아이들이 심적으로 정말 안전할 것인지에 대한 철저한 고려가 반드시 선행되어야 한다고 생각하기 때문이다. 이러한 나이브한 법은 아이들을 양육하는 기관이나 그룹홈 종사자들에게도 분명 힘든 부분으로 작용하는 사안인 것이다.

폭력에 대한 공포는 정신을 심각하게 망가뜨린다. 그런 폭력을 장시간 행사해 왔던 학대자가 피해 아동에게 정말 안전한지는 진정으로 심사숙고해야 한다고 거듭 강조하고 싶다.

우리나라가 지나치게 혈연 중심 사고가 일반적이다 보니, '그래도 부모인데…' 또는 '친부모가 그래도 낫지 않을까?'

라고 생각하는 이들을 많이 보았다.

  학대를 제대로 이해하지 못하기 때문이란 생각이다. 취약한 아동에 대한 학대는 살인에 버금가는 심각한 범죄로서 반드시 엄한 처벌이 집행되어야 옳다.

  또한 양육포기를 한 부모는 당연히 친권이 박탈되어야 한다.

  아이를 키우지도 않는 부모(학대자 외)에게 왜 아이에 대한 친권을 유지시켜서 때로 아이 명의로 핸드폰을 만들어 빚을 남기게 하고(아이 핸드폰을 해줄 수 없어 부모의 빚을 대신 갚아준 적이 있다), 아이 돈을 맘대로 인출할 수 있게 하고 전학 방해나 심지어 그 소중한 해외연수의 기회까지 잃게 하는지 심히 안타깝다.

  소년 범죄나 여타 범죄들은 재발 방지를 위해 엄한 처벌을 강조하면서 왜 유독 가장 약자인 아이들에 대한 학대는 제대로 범죄로 다루어지지 않고 강력히 처벌되지도 않는지 유감스럽다.

  비슷한 맥락으로 학대아동의 원가정 복귀를 최우선으로 하는 정책에도 우려를 표명하지 않을 수 없다. 아이들이 정말 안전하리라고 확신할 수 있을 때까지 모든 정책은 반드시 아이의 안전을 최우선에 두어야 한다. 때로는 생명도 위태로울 수 있는 학대라는 범죄의 재발 가능성이 분명히 있음에도 너무나 쉽게 신청이 가능하고 또 신청 후 어렵잖게 원가정 복귀가 성사되어 학대가 재발되는 일이 수시로 반복되고 있다.

단 한 번일지라도 학대는 절대 반복되는 사례가 있어선 안 된다.

이 세상 어느 곳보다 아이들이 안전하고 행복한 나라가 우리나라였으면 나는 참 좋겠다.

아이들만이 아니라 모든 약자가 보호받고 존중받으며 함께 살아가야 하는 우리 공동체의 소중한 구성원임을 누구나 자연스럽게 인식하는 인권 선진국 대한민국을 꿈꾼다.

그것이 결국은 우리 모두가 따뜻하고 행복한 미래 사사회로 가는 길이므로.

썸머힐의 시간은 쉼 없이 흐른다.
그러니 또 얼마나 많은 사연들이 스쳐 지나고 아이들은 어찌나 쑥쑥 잘도 크는지!
 모두를 기록할 수는 없겠지만 계속, 더 부지런히 언젠가 흩어질 내 기억을 붙잡아 두는 작업을 계속해야겠다고 다짐해 본다.

공동생활가정의 역사도 제법 길다.
그 역사에 비하면 내가 아이들과 함께한 시간은 결코 길지 않다.
길지 않은 경력에 미천한 경험만으로 온갖 부끄러움을 무릅쓰고 글을 써온 것은
아이들이 행복한 나라를 꿈꾸는 한 사람으로서 나누고 싶은 말들이 있었기 때문이다.

첫 번째는 양육자가 행복해지는 양육법을 나누고 싶었으며
두 번째는 그래서 아이들도 더불어 행복해지는 철학을 전하고 싶었고
세 번째는 우리 사회 전반의 양육 패러다임에 변화의 작은 물결을 일으키고 싶었다.

아직도 부족한 나는 좌충우돌하며 매일 아이들과 함께 성장한다.

한 사람이 행복하면 주변 백 명을 행복하게 만든다고 했다. 그래서 우리 아이들을

행복한 어른으로 길러 모두가 행복해지는 내일을 꿈꾸며 나는 이 길을 간다.

이미 나를 행복하게 만들어 준 나의 딸들에게 감사와 사랑을 전한다.

애들아!
　실패할 자유도
네게 있어

초판 1쇄 발행 2025. 10. 14.

지은이 지 따
펴낸이 김병호
펴낸곳 주식회사 바른북스

편집진행 황금주
디자인 김효나
마케팅 송송이 박수진 박하연

등록 2019년 4월 3일 제2019-000040호
주소 서울시 성동구 연무장5길 9-16, 301호 (성수동2가, 블루스톤타워)
대표전화 070-7857-9719 | **경영지원** 02-3409-9719 | **팩스** 070-7610-9820

•바른북스는 여러분의 다양한 아이디어와 원고 투고를 설레는 마음으로 기다리고 있습니다.
이메일 barunbooks21@naver.com | **원고투고** barunbooks21@naver.com
홈페이지 www.barunbooks.com | **공식 블로그** blog.naver.com/barunbooks7
공식 포스트 post.naver.com/barunbooks7 | **페이스북** facebook.com/barunbooks7

ⓒ 지 따, 2025
ISBN 979-11-7263-616-6 03810

•파본이나 잘못된 책은 구입하신 곳에서 교환해드립니다.
•이 책은 저작권법에 따라 보호를 받는 저작물이므로 무단전재 및 복제를 금지하며,
　이 책 내용의 전부 및 일부를 이용하려면 반드시 저작권자와 도서출판 바른북스의 서면동의를 받아야 합니다.